杉浦敏之

死ねない老人

GS
幻冬舎新書
670

はじめに

日本は現在、世界でもトップクラスの長寿大国です。２０２１年の平均寿命は男性81・４７歳、女性87・５７歳で、いずれも過去最高を更新。戦後すぐの１９４７年の平均寿命は男性50・０６歳、女性53・９６歳ですから、わずか70年の間に30〜40年も寿命が延びているのです。

また、１００歳を超える百寿者も約９万人に上ります。１００歳以上の人口はこの50年で２２０倍以上になっており、私が院長を務めるクリニックの患者にも１００歳を超えてなお、お元気な方々が何人もいます。昔の「人生50年」をはるかに超え、世界のどの国よりも早く「人生90年、１００年」という時代に突入しているのが今の日本です。

しかし、その一方で見過ごされがちなのが、「自身の長寿を喜べない高齢者が増えている」という事実です。なかでも私が日々診療をしていて感じるのは、家族や周囲に「死にたい」と漏らす高齢者が目立つようになっていることです。

高齢になると当然、複数の病気を抱えている人、介護を受けている人が多くなります。また「下流老人」といわれるような経済不安を抱える人、社会的に孤立している人もいます。病気や経済不安、孤立といった問題があれば、死を待ち望む心理に陥るのももっともだと思うかもしれません。

ところが現実には、大きな病気もなく、経済的にも家族関係にも恵まれている人であっても、「死にたい」という思いに駆られる例が少なくないのです。人生で長い時間を与えられながら、生きる希望を持てずにいるのは、おそらく辛いことでしょう。また「死にたい」というつぶやきを何度も聞かされる家族にとっても、心理的な負担は少なくありません。

さらに、社会全体に目を向ければ「本人の意思に反して生かされている」高齢者もかなりの数に上ります――これについては日本の医療の問題も無視できません。延命治療を望んでいない高齢者でも、ひとたび容体が悪くなって病院へ運ばれれば、そのまま延命治療が施されるケースは多々あります。

　本人が望む医療や最期のあり方を選べず、ただ医療技術で生かされているだけだとすれば、それは幸せな長寿とはかけ離れたものでしょう。


　私は医学部を卒業後、救命救急から心臓血管外科、消化器がんの診療などを経験し、現在は外来と訪問診療を軸に地域医療を担っています。これまで数々の医療現場で25年にわたり、高齢者の医療に携わってきました。

　そこで実感しているのは、社会の高齢化に伴い、医療や介護、社会保障といった高齢者を支える側の問題ばかりが議論されてきましたが、そのなかで肝心の高齢者自身の気持ちが置き去りになってきたのではないか、ということです。

　それが「生きていたくないが、死ぬこともできない」高齢者や、過剰な医療で「死ねない」高齢者を大量に生み出しているように思います。


　本書では、私が出会い、学ばせてもらっている高齢の患者たちの心の内を紹介しつつ、現状の問題の背景や、その解決策を提示します。高齢者が人生の集大成ともいえる時期を充実して生きるためには何をすべきなのか。また高齢者本人の意思が尊重される医療や最期を叶えるために、家族や社会で行える対策にはどんなものがあるのかも解説していきます。

この本が、長く家族や社会を支えてくれた高齢者に「死にたい」と思わせない社会、誰もが長寿を心から喜べる社会を考えるきっかけになれば、著者として望外の喜びです。

杉浦敏之

死ねない老人／目次

第3章 望まない延命治療が生み出す「死ねない老人」 81

第4章 高齢者が生きがいを持ち続けるために必要なこと 113

第1章 増え続ける「死にたい老人」の実態

世界がうらやむ長寿国・日本

日本は世界に冠たる長寿国です。２０２２年版として発表されたＷＨＯ（世界保健機関）の世界保健統計によると、ＷＨＯに加盟する１９４の国と地域のうち、世界一の長寿国は84・３歳の日本です。この調査が始まって以来、日本は国別の平均寿命で20年以上にわたり、ずっと上位に入り続けています。

ちなみに平均寿命の２位は83・４歳のスイス、３位は83・３歳の韓国です。先進国のなかでもイギリスの平均寿命は81・４歳、アメリカは78・５歳ですから、両国の国民より日本人は平均して３～６年、長く生きていることになります。

この調査で平均寿命がもっとも短いのは、アフリカのレソトで50・７歳。この国の人々に比べれば、現代の日本人は年数にして約34年もの長い人生を送ることになります。

日本ではレソトの平均寿命の倍以上、１００歳を超えて生きる人（百寿者）も多数います。１９６３年には１５３人だった国内の百寿者は１９９０年代あたりから急増し、２０２２年には約９万人という数になりました。

これまで毎年9月の敬老の日には、１００歳の人に長寿祝いとして総理大臣から銀杯が贈られてきましたが、２０１６年度はとうとうこの銀杯が純銀製から銀メッキ製に変更になりました。あまりにも人数が多いので、経費削減の対象になったのです。

こうした長寿国・日本のイメージは世界的にも定着し、長寿を支えるヘルシーフードとして日本食は各国でブームになっています。また誰もが少ない負担で一定水準の医療を受けられる国民皆保険制度も、ＷＨＯをはじめ世界で高く評価されています。

実際に私の実感としても、今や長生きは珍しいことではなくなっています。80歳を超えるような高齢の親御さんがいる方も多く、ほかにも親類や地域を見渡してみると、80代、90代でお元気な方々の顔が何人も思い浮かぶはずです。

埼玉県川口市にある当院は、おもに地域の方々を対象に診療を行っていますが、患者さんの高齢化の傾向はさらに顕著です。60代、70代はまだまだ〝若手〟で、外来と往診を合わせると80代、90代の方だけで月の診療数は３４０人を超えます。

90代のある患者さんはその姉が１０１歳まで長生きしており、「自分も姉の年齢までは生きる」と張り切っていますし、現在、当院の患者さんの最高齢は１０１歳で元気に歩いて診療所に来ます。以前は１０６歳まで在宅で治療していた方もいました。

多くの人が長生きをするようになった日本では、アフリカの小さな国々のように、幼い子が病気や栄養不良で命を落とすことはまずありません。またマラリアやＨＩＶなどの感染症で多くの人が亡くなるという例もありません。

60歳、70歳で亡くなると「まだまだお若かったのに」とお悔やみを言われる国、国民の健康長寿という点では世界でもっとも恵まれた国――それが今の日本です。

長寿を「幸福」と思えない高齢者が増えている

ところが、人類普遍の願いである長寿を手にした日本のお年寄りすべてが、日々幸福を感じながら暮らしているかというと、話はそう単純ではありません。

特に80代後半、90代という超高齢期になると心身の衰えも一段と進むこともあり、ほかの年代の人にはなかなか理解できない苦労や悩みが立ち現れてくるようです。

超高齢期の生きざまを語った著書がベストセラーになっているのが、90歳を超えた作家の佐藤愛子さんです。

耳などの感覚器官が衰え、人の声が聞き取りにくいので、人の話に適当にあいづちを打ち、笑顔で取り繕う。筋力やバランス感覚が低下して何もないところでよろめき、後ろから自転車で近づいて来た人に舌打ちをされる。スマホで番号を打てばすぐにタクシーが呼べると教わっても、まったく意味がわからない。

「『九十といえば、卒寿というんですか。まあ！（感きわまった感嘆詞）おめでとうございます。白寿を目指してどうか頑張ってくださいませ』満面の笑みと共にそんな挨拶をされると、『はあ……有難うございます……』これも浮世の義理、と思ってそう答えはするけれど内心は、『卒寿？ ナニがめでてえ！』と思っている。」（『九十歳。何がめでたい』小学館）

佐藤さんがユーモアを交えつつ綴っているのは、「長寿は美徳と称えられるような、生易しいものじゃない。体のあちこちにガタがきて故障の連続。長生きなんてまったく面倒くさい」といった90代の人の心の叫びです。それがまさしく高齢者の本音を代弁しているからこそ、多くの人に支持されているのでしょう。

さらに私自身も、診療で多くの高齢者に接していて気になることがあります。

それはこの数年、医師である私に向かって、「もう生きていたくない」「死んでしまいたい」といった言葉を繰り返し訴える人が増えていることです。

年齢でいうと、80歳を超える頃からこうした発言が出始め、85歳を超えるとますます死を願う言葉が多くなる、という印象です。

これは少し前の高齢世代の方々には、あまり見られなかったことです。家族や介護スタッフ、看護師らに愚痴なのか本音なのか、死にたいとこぼす高齢者は以前からたくさんいたと思いますが、少なくとも病気を治す専門家である医師に対してそのような発言をする人はあまりいませんでした。

それも病気で寝たきり生活が続いているとか、認知症で生活の困難が増えている、といった人に限りません。大きな病気もなく自立した生活を送っている人や家族と同居して十分な介護を受けている人でも、「これ以上の長生きは望まない」といった心の内を漏らす人が少なくないのです。

当初、高齢者たちからそういう言葉を聞くと私もなんと答えてよいかわからず、戸惑ったものです。仕方なく「そんな寂しいこと言わないでください」「お孫さんが大学に入るまで頑張りましょう」と励ましの言葉をかけていましたが、次第に今の日本には、何か超高齢世代が生きにくいと感じる要因があるのではないか、と考えるようになりました。

そして今は「死にたい」と思ってしまう高齢者の心情や背景について、もっと社会が目を向け、早急に対策を考えなければならないと危機感を抱いています。

そこで80～90代の高齢者の実情を知っていただくためにも、私が出会ってきた実際の患者さんたちの事例を、いくつか紹介したいと思います。

事例① 家族と同居でも「生きていくのが苦しい」とつぶやく80代・Oさん

Oさんは、サラリーマンの息子・娘さんと同居している81歳の女性です。風邪をこじらせて急性気管支炎になったことが受診のきっかけでしたが、現在はCOPD（慢性閉塞性肺疾患）があり、酸素吸入をしながら自宅で療養生活をされています。

朝晩は同居の息子さんや娘さんが身の回りの世話をしています。息子さんが仕事に出ている昼間は訪問介護の人が入って家事などを担当しており、医療面では当院が定期的に訪問診療を行っています。

Oさんは1年ほど前に仲の良かったご主人を病気で亡くし、それを機に体調が悪化。心理的にも不安定になって「早くお迎えが来てほしい」「生きていくのが苦しい」といった言葉を頻繁に口にするようになりました。


あらためてOさんに真意を尋ねると、元来話し好きのOさんは私にお茶菓子をしきりに勧めながら、しっかりした口調でこんな話をしてくれました。

「昼間一人でいると、本当に寂しいのよ。空気みたいな存在のお父さんだったけど、いなくなったら寂しくて仕方がない。あんまり言うと、みんなが気にするから言えないけど。結婚以来、これまで家に一人でいるなんてことはなかったから」

Oさんの嫁いだ家は地域の名家で、当初は義父母の世話をOさんが担い、二人の子供が生まれてからは子育てに奮闘。家族のほかにも銀行員や地域の議員など、大勢の来客が家を訪ねてくるような賑やかな生活だったといいます。

しかし年齢を重ねるにつれ、親しくしていた人たちが亡くなったり、転勤・転居などで付き合いが途絶えてしまったとのこと。私がデイサービスへの通所を勧め、通ったこともありますが、少しするとOさんは転んで腰を痛め、通所を中止。「車椅子で酸素ボンベをつけて出歩くのも大変だから」と、最近は少し家にこもりがちになっています。

「私は子供に恵まれて、息子も娘も必要なものは何でも買ってくれるし、私に本当によくしてくれる。こんなに親孝行な子たちはいないと思う。訪問の介護だって1割負担でお世話になれて、ラクをさせてもらっている。

でもね、私は少し長く生きすぎてしまった。人にやってもらうばかりで何もお返しができない。こんなに長生きしちゃって申し訳ない気持ちだよ」

そして「70歳を過ぎたら安楽死の薬が欲しいよね。そんな薬があったらいいなと心から思う。薬を出せるように先生が国に掛け合ってよ」と真顔で訴えるのでした。

配偶者や親しい人がどんどんいなくなる超高齢期

Oさんのように、配偶者の死がきっかけで「死にたい」という思いにつながる例はよくあります。

長年連れ添ったご夫婦ほど配偶者が亡くなる喪失感はとても大きく、特に男性はガタッと気力が衰えてしまう人が少なくありません。70代以上の夫が妻を失ったときの5年生存率は50％ほどというデータもあり、高齢男性にとって配偶者の死はがんに匹敵するような生命の危機といえます。

息子や娘などの家族と同居をしている高齢者なら、そうした喪失感が和らぐかというと、必ずしもそうとはいえません。

ちょうどOさんのように家族と同居をしていても昼間、家にいるのは高齢者一人きりという「日中独居」の世帯は、近年非常に多くなっています。40代、50代の子供世代はちょうど働き盛りで仕事が多忙な時期でもあり、子供が朝早く仕事に出て夜に帰るまで、12時間ほど一人で過ごすお年寄りも珍しくありません。

同居の子供が既婚でも、以前のようにお嫁さんが専業主婦で家にいる家庭は少数派です。仕事や孫の進学などで忙しい子供世帯は、お年寄りとゆったり過ごす時間はなかなかとれないのが実情です。

そのため家族と同居をしていても生活ペース等の違いから、孤立感を抱いてしまう高齢者は少なくないようです。

経済的な不安もなく家族と同居というと「幸せな老後」に見えるかもしれません。しかし当の高齢者の心の内はそうとは限らない、ということです。

さらに高齢になればなるほど、同居家族以外の身近な人とのつながりも薄くなります。親きょうだい、親類はもちろん、親しく付き合いのあった知人・友人も亡くなり、「みんな先に逝ってしまった」となると、一人とり残されたような寂寥感《せきりょうかん》に襲われるのかもしれません。死別でなくても、知り合いが老人施設や病院に入ることになった、別の地域に住む子供と同居をすることになったとなれば、そこで交流は途絶えてしまいます。

高齢者自身も、病気で体調が優れなかったりすると「人に会うのが億劫」「老いた姿を人に見られたくない」といった思いから、自ら人付き合いを避けて引きこもってしまう場合もあります。

こうした家族や社会からの「孤立」「孤独」は、高齢世代の生きる気力を奪う要因の一つになっています。

内閣府の調査（令和2年度）でも、日本の高齢者は諸外国に比べて地域に友人が少なく、特に病気のときに助け合う、相談ごとを話し合うといった親しい人付き合いが少ないことがわかっています（図表1参照）。欧米の調査では「地域の社会関係の豊かさ」が高齢者の健康度や死亡リスクに関係することも指摘されています。

孤立・孤独という要因のほかにも、脳卒中の後遺症で麻痺がある、認知症があるといった健康上の不安から将来を悲観し、死を望んでしまうケースもあります。

次のNさんの例もその一つです。

事例② 「死にたい」が口癖で、家族が疲弊している90代・Nさん

Nさんは、40年以上前から当院をかかりつけ医にされている95歳の女性です。60代の

図表1　近所の人たちとの付き合い方

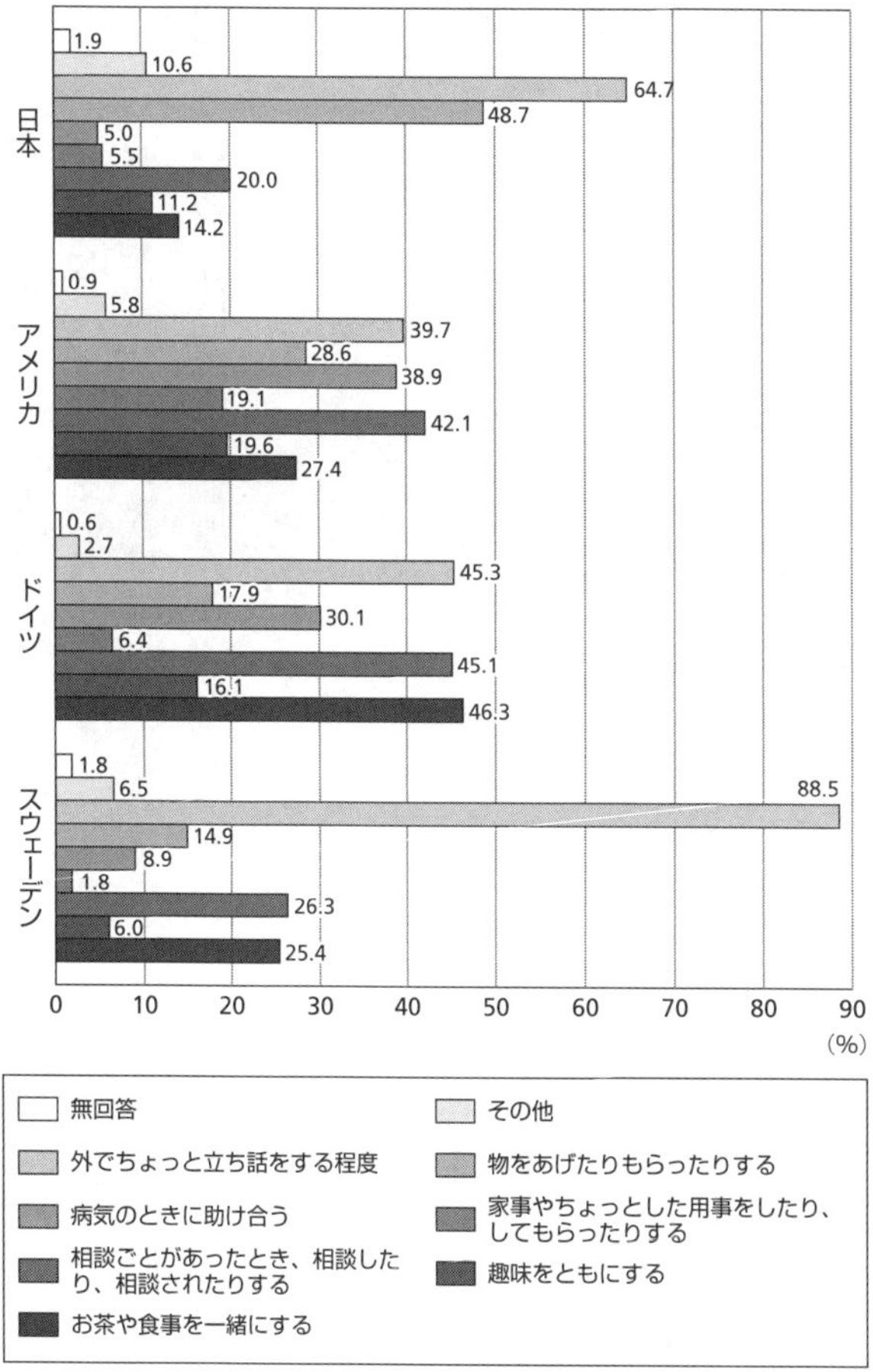

出所：内閣府「高齢者の生活と意識に関する国際比較調査結果」（令和2年度）
（注）対象は60歳以上の男女

独身の息子さんが2人いて、ご家族3人で生活をされています。

Nさんは身体的には大きな病気もなく年齢を考えると驚くような健康体ですが、80代の半ば頃から少しずつ物忘れなどの認知症の症状が現れ始めました。息子さん2人は日中仕事があるため、訪問診療と通所介護（デイサービス）で介護をスタートすることにしました。

デイサービスに通い始めた当初は、Nさんは以前より意欲を取り戻したように見えた時期もありました。通っていた施設で自分よりも年下なのに体を動かせない重い要介護の人たちを見て、「自分はまだまだできる」と感じたようです。

ただ90歳になる頃から、家の中でトイレの場所がわからなくなる、イライラして周りの人に当たるなど、次第に認知症の症状が進行。同時に生きる意欲もだんだん失ってしまいました。そして家族や私たちに「生きていても意味がない」「死んだほうがいい」といった言葉を特にきっかけもなく何度も繰り返すようになりました。

特に介護のキーパーソンである次男さんは、親に毎日のように死にたいと言われるのがストレスになっていて、「きつい返事をしてしまう」「こちらの頭がおかしくなる」と悩んでいる様子です。私たち医療や介護のスタッフも今後どう対応をしていくべきか、手探りしている状態です。

これは私の推測になりますが、Nさんの場合、お話をするのが難しいときもあるので、認知症といっても記憶や思考がひどくぼんやりしてしまうときと比較的思考がクリアなときがある、いわゆる「まだら認知症」の状態です。

そのため認知症の症状が強く出ているときは、死にたい願望も忘れているようです。しかし、ときどき頭がクリアになったときに「今までできたことができない自分」や「年をとった息子に迷惑をかけている自分」に気づいて情けなく、すべてが嫌になってしまう。そんな心理が「死にたい」発言になっているのではないか、と想像します。

「迷惑をかけたくない」「お荷物」という思いが高齢者を苦しめる

年齢が高くなればなるほど、何かしら病気を抱えている人の割合は高くなります。そして現代は医療が進歩した結果、以前なら治療できずに命を落としていたようなケースでも、命を救える確率が格段に高くなっています。

日本人の死因では１９５０年代から70年代にかけて、脳出血や脳梗塞といった脳血管疾患が1位を占めていました。元気に生活していた人がある日突然倒れて亡くなる、という例も少なくなかったわけです。

しかしその後、血圧を下げる薬や減塩指導が普及したことで脳の血管障害が減少。また救命救急の技術も高度化し、脳や心臓に血管事故が起きて倒れても処置が早ければ現在はかなりの確率で救命できるようになっています。

以前から高齢者の間では、年をとっても自立して生活し、病気になったらコロリと亡くなる「ピンピンコロリ」を理想とする人が少なくありませんが、現代は医療の進歩により、なかなかコロリとは逝けない時代になっています。つまり、病気やその後遺症の苦痛・不安を抱えながら過ごす時間、そして介護を受けながら生きる時間が長くなる、ということでもあるのです。

実際、脳梗塞の後遺症で重い麻痺が残った高齢者からは、辛いリハビリが続く生活に疲れ、「いっそのこと死んだほうがよかった」といった言葉が出ることが少なくありません。内閣府の調査でも、高齢期の健康状態が下がれば下がるほど、「生きがい」を持ちにくくなることが明らかになっています（30ページ図表2参照）。

またNさんのように深刻な病気がない人でも、長生きをすれば認知症や糖尿病の合併症、関節障害などで介護を受けるようになり、そのこと自体に苦痛を感じてしまう高齢世代も少なくないようです。

今の80代以上の高齢者は大きな戦争を体験し、戦後の何もない時代から昼夜を問わず懸命に働き、社会や家族を支えてきた世代です。その自分が介護で家族や周囲に「迷惑をかけている」、社会の「お荷物になっている」という感覚が、耐えがたいと感じるのかもしれません。これは高齢者本人だけでなく、その悩みに沈んだ様子を間近に見ている家族にとっても辛いことです。

ただこの高齢者の問題を難しくしているのは、病気や介護、孤立といった比較的わかりやすい要因だけが問題とは限らないことです。

特別に大きな理由があるように思えない人でも、「死にたい」願望にとらわれてしまうTさんのようなケースもあります。

図表2　どの程度生きがいを感じているか（健康状態別）

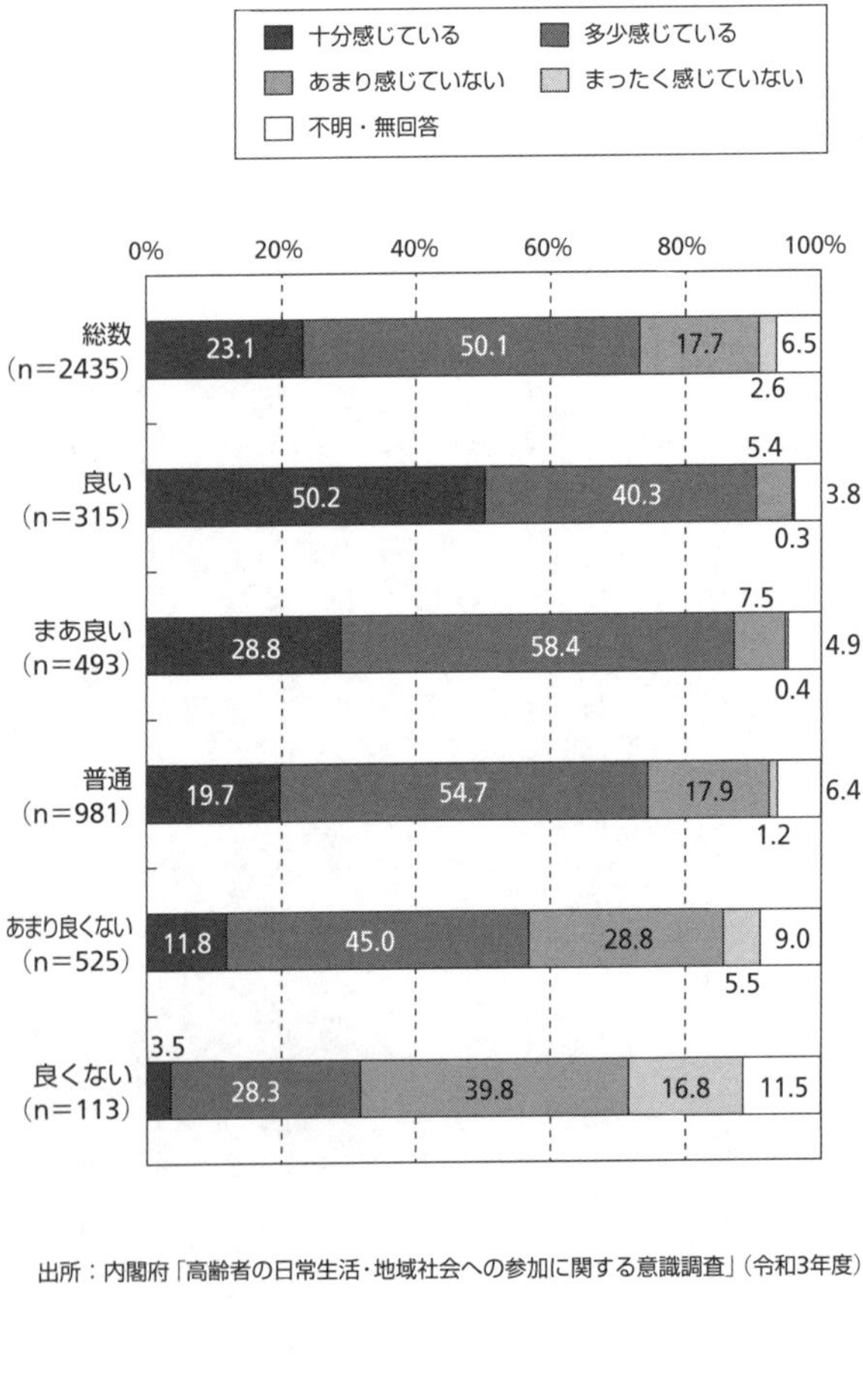

出所：内閣府「高齢者の日常生活・地域社会への参加に関する意識調査」（令和3年度）

事例③ 心身ともに健康でも、「死んじゃったほうがマシ」と言う80代・Tさん

Tさんは87歳の一人暮らしの女性です。これまでに入院したのは白内障の手術のときだけという健康体で、80代後半という高齢にもかかわらず今も家事も身の回りのこともすべて自分で行う、完全自立の生活をしています。

Tさんは長年老舗の商店を営んでいたため、地域の商店街に友人・知人も多く、友人と頻繁に旅行などに出かけ、交流を楽しんでいます。

また自動車で15分ほどの距離には息子さん一家が住んでいて、お互いによく行き来をしているそうです。息子さんが結婚してからはお嫁さんの勧めで、年に一度、海外旅行にも出かけるというアクティブな暮らしぶりです。

そんなTさんですが、数年前から外来で当院に来られると、「生きていくのが大変」「死んじゃったほうがマシ」といった言葉が増え始め、私も「あれっ？」と思うようになりました。定期健診では血液検査などの数値に異常がないため、「すばらしい、お元気ですね」と声をおかけしていましたが、Tさんは自分の健康を素直に喜ぶ気持ちになれないのか渋い顔をしていることが何度もありました。

あるときは、Tさんが気分の落ち込みを訴えて「私、うつ病じゃないかと思います」と言うので、「そんなことはありませんよ」と私は即座に否定しつつ、知り合いのメンタルクリニックを紹介したこともあります。予想どおり、メンタルクリニックでも「大丈夫。うつ病ではありません」と言われて帰宅したということです。

現在は、Tさんの気分の不安定さは以前に比べれば改善されていますが、当時のことをあらためてお聞きすると、率直な気持ちを語ってくれました。

「何年か前に、自分よりも年の若い友人を続けて亡くしたんです。商店街の友人同士の食事会も最初は10人で行っていたのに、何人も亡くなって今は6人になってしまった。

それで寂しい気持ちもあったんでしょう。自分は何のために生きているのか、何のためでもない。ただ生きていることしかできない。そんなふうに気分が落ち込むことが増えました。だから、先生にもうつ病じゃないかと相談したんです。

最近はテレビだって、『老人はどれだけ増え続けるのか』みたいなことばかり言うでしょう。医療や介護で若い人の負担を増やして、国のためになっていない。ときどき生きているのが申し訳ないと思ってしまう」

Tさんは高齢期ならではの人間関係の変化や漠然とした不安感に加え、身体的にもそれまで経験したことがない変化を感じたということです。

「85歳を過ぎた頃から、ガタッと体力が落ちてしまって……。

家事でも何でも、今までできていたこともできなくなるし、どうしてこんなになっちゃったんだろうと。同年代の友達に愚痴をこぼしても、みんな『大丈夫、何でもない。元気じゃない』と励まされるだけで、かえって落ち込むこともありました。

今も血圧の薬、便秘の薬、血液の流れがよくなる薬、骨を強くする薬、いくつも薬を飲んでいるけれど、腕の痛みが続いている。口内炎がよくできるからビタミン剤も欠かせない。この間も、風邪を引いただけなのに1カ月も寝込んでしまったの。それまで長く寝込むなんてことはなかったのに。大きな病気はなくても小さな不調は次々に起こり、これが〝老い〟なんだなと感じます」

高齢者の自殺は、年間1万人近い

Tさんのエピソードにも登場しましたが、「死にたい」という思いに直接つながる要因に「うつ病」があります。

うつ病というと、働き盛りの人に多い精神疾患というイメージがあるかもしれませんが、実際は国内のうつ病患者のおよそ4割は、60歳以上の高齢者といわれています。

高齢になると脳内のセロトニンなどの神経伝達物質が減少するほか、小さな脳梗塞が起こって血流が悪くなるため、うつ病の発症リスクが上がります。また配偶者の死や退職、病気や入院などがきっかけとなり、うつ病を発症することも多くあります。

うつ病でもっとも気をつけなければならないのは「自殺」です。「もう生きていても仕方がない」「死ぬ以外に解決策はない」という極端な思考に陥り、突発的に命を絶ってしまう人が少なくないからです。

あまり知られていないことですが、日本は高齢者の自殺が多い国です。

日本の自殺者数は長らく3万人を超えていましたが、東日本大震災以降は減少傾向にあり、2021年は2万1000人前後です。そのうち60歳以上の高齢者は7860人と、全体の約3割を占めています。日本老年医学会では、高齢者の自殺の約7割に、うつ病やうつ状態が関わっていると指摘しています。

高齢者に「元気がなく、表情に乏しい」「人や外界に興味を示さない」「食欲不振や睡眠障害がある」「死を強く願う」といった様子が見られる場合、背景にうつ病がある疑いがあります。早い段階で専門医を受診し治療を急ぐ必要があるでしょう。

さらにTさんのように身体的に健康で、うつ病でないことがはっきりしている高齢者でも、「生きていたくない」と思ってしまう人は後を絶ちません。

これには、やはり「生きがいの喪失」という高齢期特有の問題が深く関係しているように思われます。

あくまでも私の印象ですが、「死にたい」ともらす高齢者には女性が多いと感じます。

そもそも日本の超高齢世代は女性の割合が高いですし、この世代の女性は家庭を守り、家族の世話に生きがいを感じてきた人が大半です。

しかし子供が成長して独立し、伴侶も亡くなるような年代になると、以前のように家族を支えているというやりがい感、達成感はほとんど得られなくなってしまいます。

また男性にも共通することですが、性格的に几帳面で、現役時代には高い地位や役職

図表3　高齢者（60歳以上）の自殺者の推移

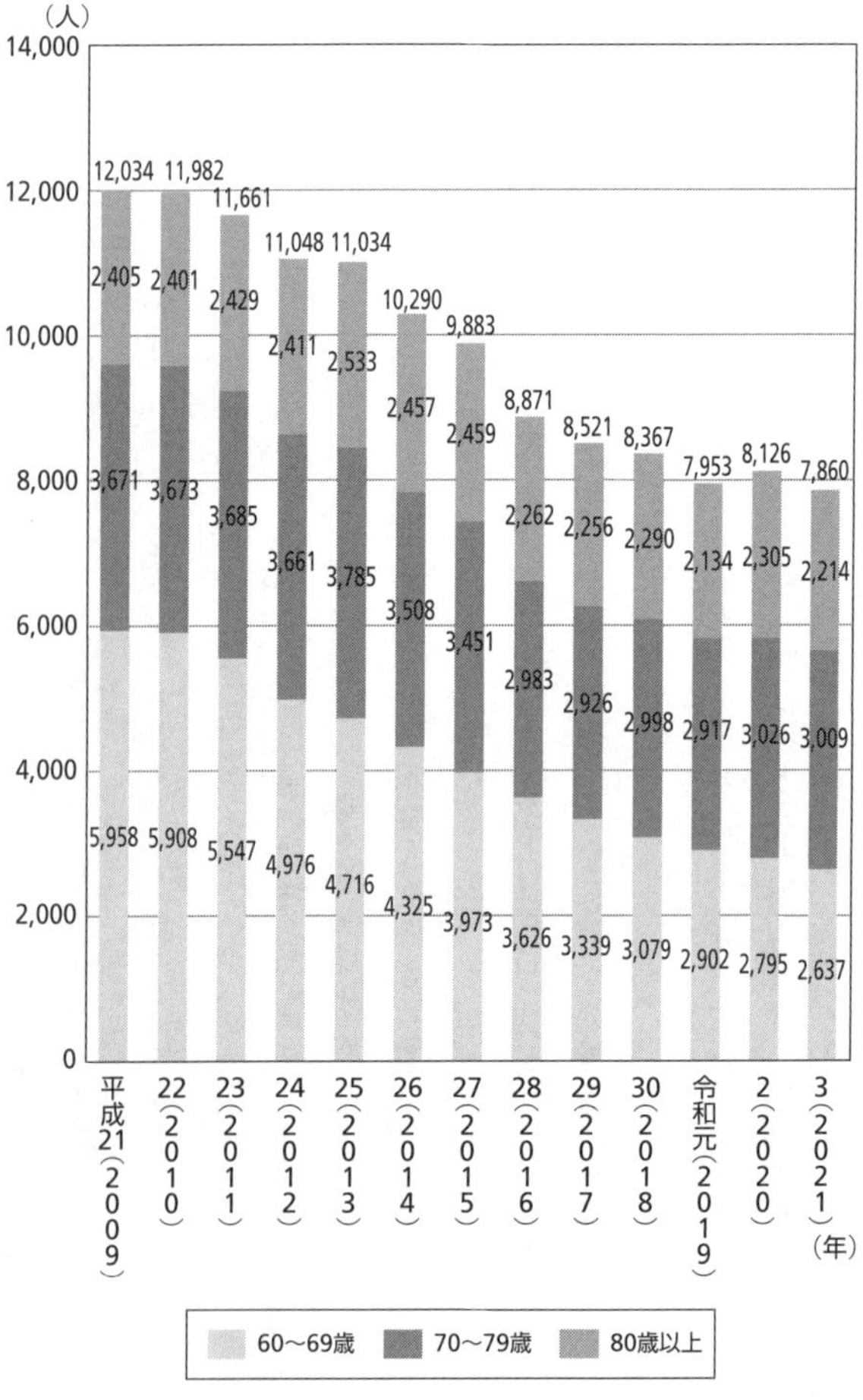

出所：厚生労働省・警察庁「令和3年中における自殺の状況」に基づき内閣府が作成

につき、充実した生活を送っていた人ほど、人生の最盛期の自分と老いた自分との落差を大きく感じてしまい、悲観的になる傾向もあるようです。

今後は高齢期の心身の変化、社会的環境の変化にうまく適応しながら、新たな生きがいを得られるような高齢者支援がますます必要になるはずです。

「死ねない老人」のもう一つのパターンとは

病気や介護、老いの不安などから、生きる希望を持てずに本人の意思として死を願ってしまう「死ねない老人」の事例を紹介してきましたが、実は、死ねない老人にはもう一つ別のパターンがあります。

それは、高齢者本人はそれ以上の治療や延命を望んでいないにもかかわらず、周囲の意向や力によって「長生きさせられてしまう」高齢者です。

周囲というのは、患者さんの状態や意思にかかわらず、生命維持だけの治療を施す医師や一日でも長く生きてほしいと願う家族の思いだったりします。

つまり、「本人以外の要因によって死ねない老人」です。

もちろん医師が治療に力を尽くすことも、家族が高齢者に死なないでほしいと思うことも、それ自体は決して悪いことではありません。むしろ今の日本では自然なことです。けれども、高齢者が終末期といわれる時期に至り、本人は「もう十分だから、静かに逝きたい」と思っているのにそれを無視して治療を続けるのは、身体的・心理的に高齢者に苦痛を与えることになりかねません。死に向かおうとしている人を死なせないのは、一体誰のためなのか、ということです。

私は、２００３年に訪問診療を始めて以来、在宅での看取りにも取り組んできました。多くの高齢者とご家族に接してきたなかでも、印象的なのは次の90代の女性・Ｉさんのケースです。

Ｉさんは80代半ばで倒れてから10年以上ほぼ寝たきりで、長女が引き取って在宅介護をされていましたが、最後の数年は意思の疎通もできない状態が続きました。長い期間、介護を担い、最期を看取られた長女の言葉を紹介します。

事例④ 意識がないまま寝たきり生活が続いた90代・Iさん

「母が最初に脳梗塞で倒れたのは、85歳のお正月のことです。家の中で母が倒れているのを私の夫が見つけ、すぐに救急車で運ばれ、入院しました」

長女は以前から、夫を亡くして一人暮らしになっていたIさんを引き取り、同居していたので、退院後は長女が自宅で介護をすることに。少ししてIさんは寝たきりに近い状態になりましたが、それでも当初は会話もできましたし、食事のときには体を起こして車椅子で食事をとるなど、穏やかな生活を送っていました。

転機になったのは、93歳で2度目の脳梗塞を起こしてからです。

「このときもすぐに病院に入院になりましたが、お医者さんから、母が口から食事をとれないということで、すぐに胃瘻《いろう》をつくることを勧められました。

お医者さんの話では『胃瘻をつくるのは簡単だし、ご本人もラク。誤嚥《ごえん》の心配もないから』ということだったので、私たち家族も『本人がラクなのであれば、お願いします』と返事をしたんです。でも胃瘻をつくってから、母の状態はあっという間にどんどん悪くなっちゃって……。認知症のような症状が出て、そのうちに口もきけず目が見えているか耳が聞こえているかもわからず、意思疎通ができない状態になりました。

ふだんは家で介護していましたが、ときどき胃瘻の交換で病院に3〜4日入院します。入院のたびに母は床ずれをつくって帰ってくるんです。それでも痛いともかゆいとも言えない母が、本当にかわいそうでした」

Iさんは脳梗塞で倒れる80代半ばまでは、ダンスやカラオケ、ゴルフを楽しみ、友人とも頻繁に食事に出かけるなど、とてもお元気に過ごしていたそうです。Iさんには長女を筆頭に3人の娘さんがいて、「娘たちの世話にはなりたくないから」と口癖のように話していたともいいます。

「結局、母は意識もなく寝たきりの状態が3〜4年続き、98歳で亡くなりました。

母を自宅で合計13年介護し、見送れたことは後悔していません。うちの場合、訪問診療で先生がいつでも来てくれる安心感がありましたし、介護の人もよく見てくださったので最期まで家で過ごすことができました。

でも今から思うと、胃瘻をつけたことで母は自分の意思ではなく、長く生かされてしまった。そのことは悪かったと思います。でも、注射をして死なせてもらうわけにもいかないし、何もしないで死ぬのを待つというのは辛くてできなかった。やっぱり親には長生きしてほしいと思いましたから。

母はもともと元気な人で、娘の世話になるなんて想像してなかったでしょうから、母が意思を伝えられたら『胃瘻はしなくていい』と言ったと思います。私自身ももう70代で、自分の娘には胃瘻のような延命治療はしなくていいと伝えてあります」

意思を確認する間もなく胃瘻を造成する高齢者医療

Iさんが亡くなったという知らせを受け、私はすぐに長女宅に駆け付けましたが、そこで私が思わずご家族にかけた言葉が「お疲れさまでした」です。

意識のない状態の親御さんを抱え、10年を超える介護を続けられた長女やご家族には、筆舌に尽くせぬご苦労があったと思います。そこで「残念です、ご愁傷さまでした」といった言葉よりも、まず「お疲れさま」が口を突いて出てしまったのでした。

Iさんの場合、脳梗塞で食事をとれなくなった時期が、ちょうど終末期医療で胃瘻が広まり始めたときと重なります。そのため「胃瘻をつけるかつけないか」を議論するというより、「鼻から管を入れるか胃から入れるか、どっちにするか」という雰囲気だったということもあります。


現在は、一時期に比べれば「食べられなければ、すぐに胃瘻」という対応は減ってきています。Iさん一家が直面したような胃瘻の問題が知られるようになり、「終末期の治療として胃瘻は望まない」という声が多く聞かれるようになったためです。厚生労働省の調査でも、国民の意識として「過剰な延命治療は望まない」という傾向がはっきりと出ています（図表4参照）。

それでも意識がない高齢者、嚥下機能が落ちて食べられなくなっている高齢者に直接胃や静脈に栄養を入れてとりあえず命をつなぐという処置は、まだまだごく普通に行われています。

図表4　一般国民の希望する治療方針（末期がんの場合）

末期がんで、食事や呼吸が不自由であるが、
痛みはなく、意識や判断力は健康なときと同様な場合

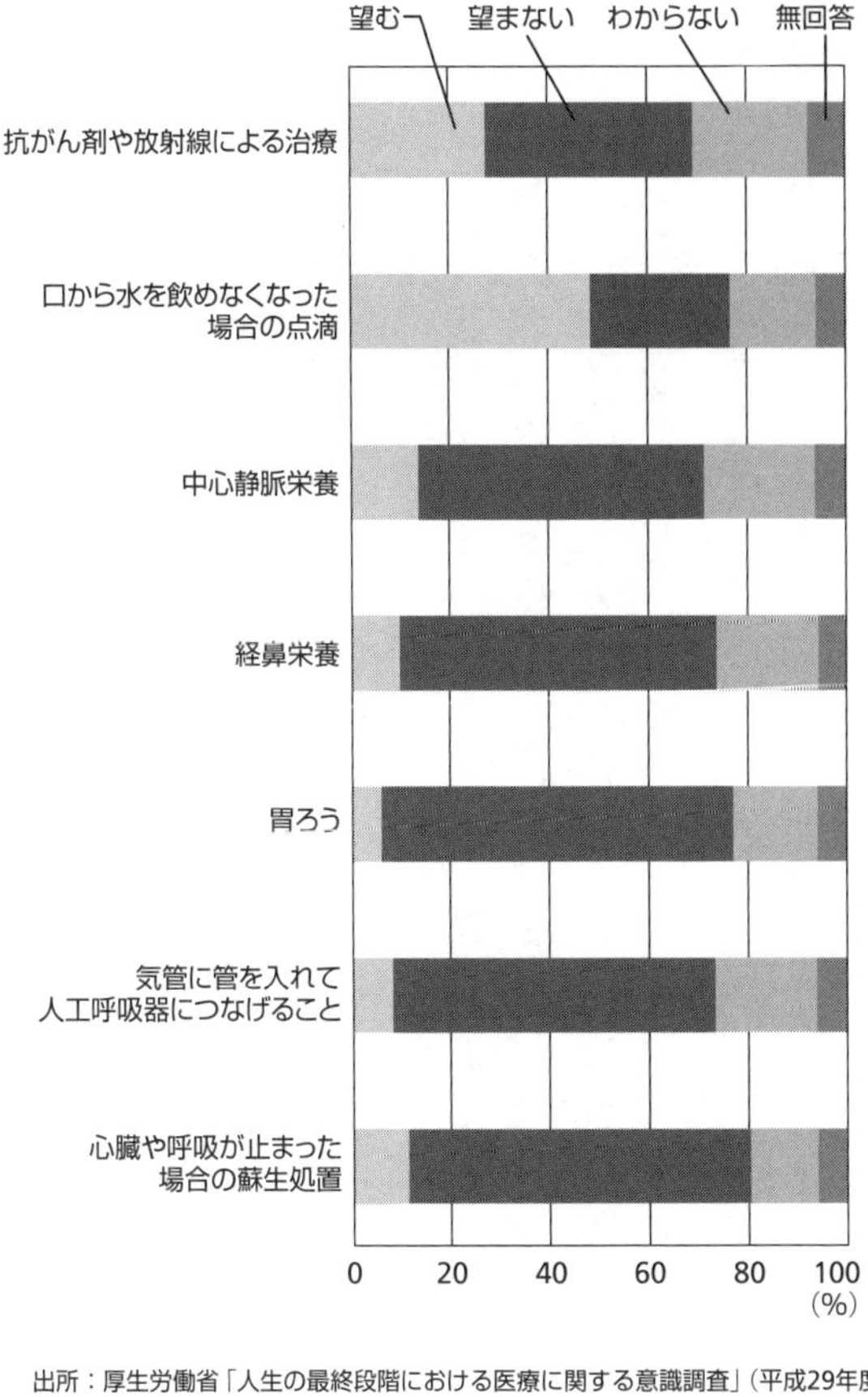

出所：厚生労働省「人生の最終段階における医療に関する意識調査」（平成29年度）

また大学病院をはじめ大規模な病院の医療現場では、高齢者本人が望んでいるか否かにかかわらず、「できる限り、徹底して治療する」という姿勢のハードな治療が行われる例も珍しくありません。

事例⑤ 高度医療の末、苦悶の表情で亡くなった胃がん患者のYさん

これは私が地域の中核病院に勤務していたときの経験ですが、ちょうど当直だった私が最期に立ち会った患者さんに70代の男性Yさんがいます。

Yさんは大企業のオーナーで地元の名士としても知られ、幅広い分野で精力的に仕事をこなしておられました。しかし、亡くなる約1年前に進行した胃がんが発見されます。手術で胃を切除したものの間もなく再発・転移が発覚し、病院では手術に加え、抗がん剤などの化学療法もできることはすべて行いました。

それでもがんを抑えこむことはできず、Yさんは次第に体力を失い、寝たきりの状態に。横たわるYさんには点滴や導尿、酸素吸入、心電図モニターなどの管がつながり、管だらけの姿でひたすら病と闘い続ける痛々しい状態になっていきました。

そしてＹさんは私が当直の夜に亡くなりました。

がん自体の苦痛か治療の副作用の辛さか、それとも「もっと生きたかった」という無念のためなのかわかりません。しかし、Ｙさんの死に顔があまりにも苦悶に満ちた表情で、それは今も忘れることができません。

さらにＹさんが臨終になった直後に、付き添っていた奥さんをはじめ、職場や周囲の人たちが集まってビジネスの話だらけになり、Ｙさんとの別れを惜しむ姿もありませんでした。長年、社会のために人生を捧げてきたにもかかわらず、Ｙさんにとっていろいろな意味で辛い最期となってしまいました。

モニター音とスタッフの足音だけが響く「病院死」

日本全体が超高齢社会になった今、終末期にどんな医療を受けたいか、どこでどう過ごしたいかという「最期の迎え方」「希望の死に方」は多くの人の関心事になっています。病気などで回復の見込みがなくなったとき、どこで最期の日々を送りたいかを尋ねた調査では、半数以上の54・6％の高齢者が「自宅」と回答しています（内閣府「高齢者の健康に関する意識調査」２０１２年）。

ところが現代の日本では、高齢者が一度病院に入ってしまうと「家に帰りたくても帰れない」状況になるケースが少なくありません。大病院の医師たちは、最後まであきらめずに治療をするという方針のことが珍しくないですし、全身状態が悪ければ悪いほど、家に帰すことはできないと思ってしまうからです。

それに加え、高齢者のご家族も「できる限りの治療をしてほしい」と望むことも少なくありません。先に紹介した90代のIさんのように、住み慣れた家で看取りをできる家族はまだそう多くはありません。

その結果として、胃がん患者のYさんのようにたくさんの管につながれ、ただ病院の白い天井を見つめて最期の日々を過ごさざるを得なくなります。そしていよいよ臨終というときも、ピッピッと繰り返すモニター音と、病室に忙しく出入りする看護師や医師の足音だけが響くという無機質なものになりがちです。

私は、すべての高齢者に在宅死を勧めたいわけではありません。なかには「最期の最期まで病院で治療を受けたい」という人もいるでしょう。また「家族に心配をかけたくないから」と病院死を希望する人もいます。そういう人は病院で亡くなるのも決して悪いことではありません。

ただ「もう治療をせず、家でゆっくりしたい」という人がそれを選べないのは不幸なことです。人生の幕引きを自分で行えるのが、成熟した超高齢社会ではないかと私は思います。

二種類の「死ねない老人」を考える

本章ではいろいろな高齢者の事例を挙げて話をしてきましたが、ここで少し話をまとめてみます。本書で注目しようとしている「死ねない老人」は、大きく次の二つのパターンに分けられます。

①高齢者本人が将来の希望や生きがいを見失ってしまい、死にたいと願ってしまう「死ねない老人」。

↓社会の先人、人生の先輩である超高齢世代に「死にたい」と思わせない社会にするには、どんな対策が考えられるでしょうか。

②周囲の圧力によって不本意に生かされてしまう「死ねない老人」、希望の場所で「死ねない老人」。

↓これは高齢者の「希望の終末期」「希望の最期」を叶えるためには医療者や家族はどう考えていくべきか、という問題です。

それぞれが非常に大きなテーマではありますが、この二つの視点について、こうした問題が生まれた社会的な背景や私たちが講じるべき対策などについて、さらに考えを述べていきます。

第2章 生きていく理由を見出せなくなった「死ねない老人」

果てしなく「長い老後」が続く現代日本

高齢者たちは、なぜ今の日本社会で「生きにくさ」を感じてしまうのか——私はその要因の一つに、「老後」と呼ばれる期間が、以前とは比べものにならないほど著しく延びていることがあると思います。

ほんの60～70年前までは、日本人の「老後」はそれほど長いものではありませんでした。たとえば１９５５年（昭和30年）、日本人の平均寿命は男性が63・６０歳、女性が67・７５歳です。10年後の１９６５年でも、男性の寿命が67・７４歳、女性が72・９２歳です。公的年金をもらえる年齢（60歳）になってから亡くなるまでの老後と呼べる期間は、平均して数年から10年程度だったのです。

この時代の老後は文字どおり「余生」であって、社会の第一線を退いて悠々自適の隠居生活、あるいは一家や地域の長老として次世代へ知恵を伝える、といったことで時間が過ぎたのではないでしょうか。

ところが、今はまったく様子が異なります。60歳や65歳で退職しても平均して20年、人によってはそれ以上の長い老後が続きます。今の高齢者は1〜2世代前、自分の親や祖父母が経験しなかった長い人生を手にしているので、80代、90代と高齢になればなるほど、その年齢の生き方のモデルもなくなります。

20年といえば0歳で生まれた子供が成人するまでなので、人生の一つのステージに相当する長さです。たとえば60歳頃に子供が結婚した家庭では、孫が幼いうちには祖父母が育児を手伝うこともあるでしょう。ですが孫が成人すれば、その役割も終わりです。そもそも現代は親が高齢になっても子供が結婚せず、親とともに年齢を重ねて中高年になっている家庭も少なくありません。

また現代は、技術革新や情報伝達のスピードが格段に速くなっています。20年もすれば、仕事でも社会生活でも以前とはすっかりやり方が変わってしまい、経験から得た知識や技術を若い人に伝えるという年配者の役割も、なかなか機能しにくくなっています。

社会や家庭で力を活かすことができないまま自由に生きるといっても、20〜30年という時間はあまりに長すぎる気がします。

さらに長生きをするほど生活習慣病や認知症、がんなどの病気のリスクも上がりますし、生活資金の不安も募ります。旅行や趣味の活動を楽しみたくても年金などの生活資金が心許なければ、それも思うようにいきません。

新聞の投書欄にも次のような趣旨の、80代の男性の投稿が載っていました（朝日新聞・2016年12月24日）。

「老後は好きな読書をして悠々自適の隠居生活に憧れていたが、実際は限られた年金で妻と二人つつましく暮らすしかなく、本も滅多に買えない。医師が指導する健康な食事では嗜好品も口にできず、ただ介護予防と医療費節約のため散歩に出かける毎日。今でもギリギリの生活なのに、さらに来年は高齢者の医療・介護費負担が増えるという。思わず『老後は地獄』という言葉が頭をよぎった」

高齢者が「お荷物」と見なされる社会

また今の日本の高齢者は、社会でとても肩身の狭い思いをしています。テレビや新聞などのメディアに「高齢者の増加が社会の重荷になっている」といった報道が溢れているからです。

高齢者の増加や社会全体の高齢化が、日本の社会問題になっていることは事実です。

たとえば、医療費の問題。高齢者が増えるほど病気や不調で病院を受診する人が増えますから、日本の国民医療費はずっと右肩上がりに増加し続けています。

２０１４年には国民医療費は40兆円を超え、その３分の1を占めているのが75歳以上の人の後期高齢者医療費です。このままいくと２０２５年には、国民医療費が54兆円にまで膨らむとも試算されています。

高齢者の医療費の財源を支えているのは、公費と現役世代が納める保険料です。しかし現役世代の給与所得が伸び悩むなかで、これ以上、現役世代に保険料負担を求めるのも限界に近づいているといわれ、先の男性の投書にもあったように医療費をもっとも多く使う高齢者にも負担を求める制度改革が相次いで行われています。

社会保障でいえば年金や介護も同様です。少子化で労働人口が少なくなるなかで、増え続ける高齢者の年金・介護費用の財源を現役世代が支え切れなくなりつつあり、若い世代が悲鳴を上げている。そういう論調の報道をよく見聞きします。

さらには高齢になった家族の介護のために、現役世代が職場を辞めざるを得ない「介護離職」は年間7〜9万人にも上るといわれています。現政府は一億総活躍社会の柱の一つに「介護離職ゼロ」を掲げていますが、裏を返せば、介護離職がそれだけ深刻であることの表れでもあります。

また認知症がある高齢者や、判断力が低下しているお年寄りの自動車運転による事故も後を絶ちません。

実は私たちも、認知症のお年寄りの自動車運転をどう考えるべきか、埼玉・県南地域の医療・行政・警察関係者たちと対策を話し合っているところですが、報道されているのはおそらく一握りで、実際はほかにも多数の痛ましい事故が起きているはずです。

しかし公共交通機関が限られる地域では、車は貴重な生活の足です。特に足腰が弱くなっている高齢者にとって、自家用車の有無は通院や買い物といった生活活動範囲を左右するので、ただ一律に免許を取り上げればいいとはいえないのが難しいところです。

ここに挙げたような問題は要するに、急速な高齢化に社会システムがまったく追い付いていないことに原因があります。

図表5　国民医療費の推移

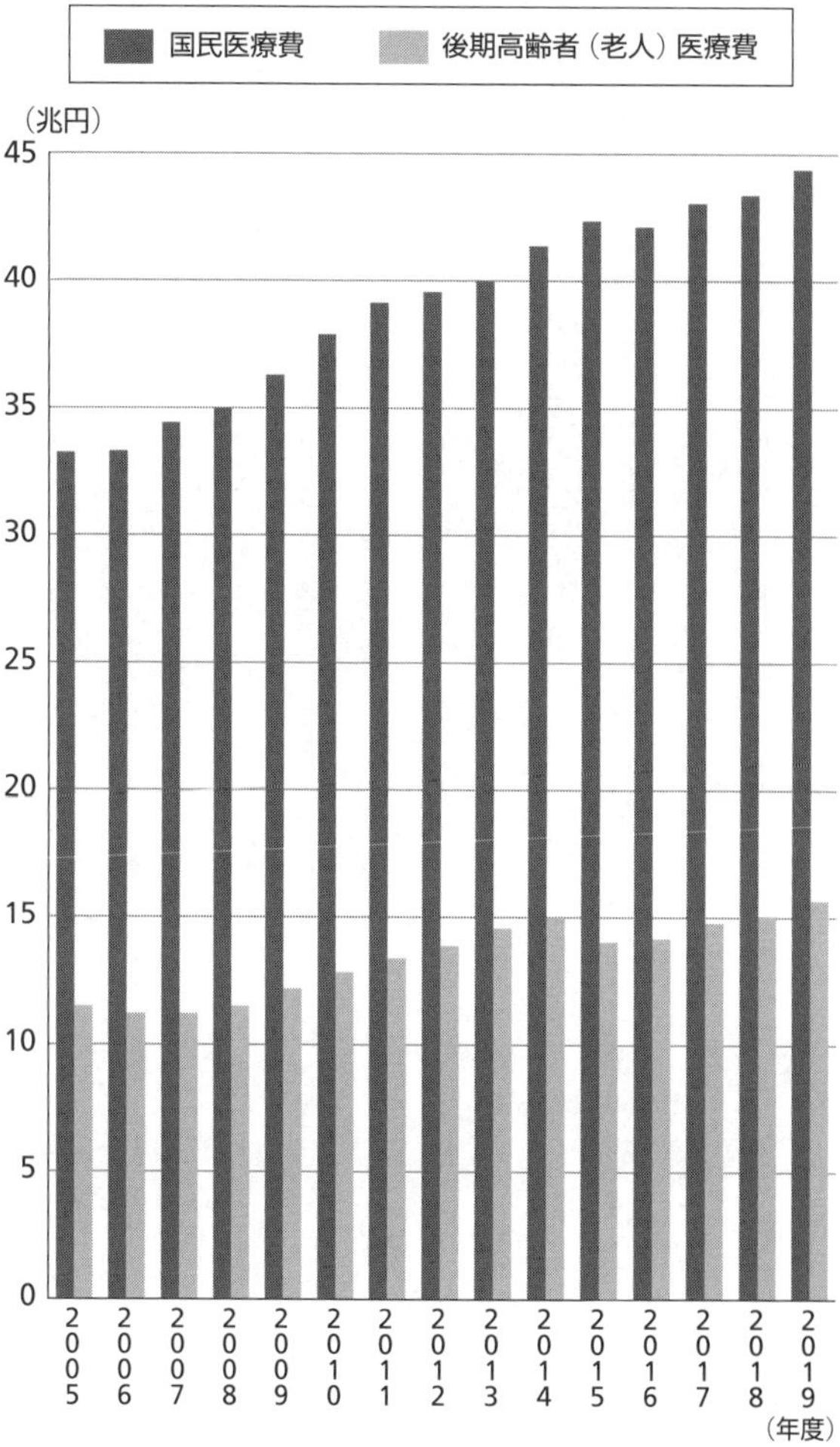

出所：厚生労働省「国民医療費の概況」（令和元年度）より作成

日本は欧州などに比べ、数十年という非常に短い期間で高齢化が進んだ国です。種々の制度改革も間に合わないスピードで高齢化が進んだため、問題が山積しているのであって無論、個々の高齢者に責任があるわけではありません。

ですが、こうした高齢化の負の側面ばかりを強調する情報を見続けていれば、お年寄りが「自分たちは社会のお荷物」と感じてしまい、生きることを肯定できない気持ちになるのも無理はありません。第1章で紹介した80代のOさん、Tさんが口にした「生きているのが申し訳ない」という言葉にも、それがよく表れていると感じます。

塗り絵やカラオケが生きがいになるか

医療や介護の現場では、高齢期の生きがいや楽しみ、余暇活動を充実させようという動きが盛んになってきています。高齢になって生きる気力を失い、家に閉じこもるような生活が続くと、脳卒中や血栓症、糖尿病、認知症、うつ病といった種々の病気のリスクが一段と高まることがわかってきているからです。

ただ私が気になっているのは、高齢者の余暇活動として企業や施設が提供しているものが、「遊び」「娯楽」の範囲のものに偏っていることです。

たとえばデイサービスを行う介護老人福祉施設などでは、地域のお年寄りを集め、塗り絵や折り紙、映画上映会などのレクリエーションを行っています。一部の有料老人ホームでは、豪華なカラオケルームやスポーツジム、ゲーム施設などのアクティビティを売りにしているところもあります。

民間企業でも、テーマパークや温浴施設、旅行業界などがシニア割引や高齢者向けのバリアフリー旅行プランなどを提供し、時間とお金にゆとりのあるシニア層にアピールしています。

何もせずに家にじっとしているのに比べれば、こうした娯楽、レクリエーションに取り組むのは悪いことではありません。

しかし、そうしたものはあくまでも一時的な楽しみにすぎない気がします。塗り絵やカラオケが「生きがい」といえるものになり得るかというと、少々疑問が残ります。

もちろん何を楽しいと思うかは、個人によって異なります。カラオケやゲームが最高の楽しみという方はそれでいいでしょう。

ただ、遊び興じることばかりを老後の楽しみとして提供する高齢者サービスは、むしろ高齢者を見下していることにならないか、と私は思うのです。やはり新聞に、妻に先立たれた84歳男性のこんな投書がありましたので一部引用します。

「『ぼけと酔っ払いは、先になったほうが勝ち』と私は唱えてきたが、妻を失って5年余り、人生も先に逝ったほうが勝ちではないかとつくづく思うようになった。雑談のできない私だから、茶飲み友だちをつくっても相手が困るだろう。一人で海外旅行に出かけたり、月に数回長年の友人たちとマージャンを楽しんだりしても、満ちた心は続かない。何か心を弾ませることはないだろうか」（朝日新聞2016年12月18日）

その場しのぎの娯楽のようなものだけでなく、さまざまな人生経験をしてきた高齢者が達成感や深い充足感を得られる活動も、もっと検討されていくべきです。

親子でも「縁起の悪い話」をしにくい時代

また現代の高齢者の「生きにくさ」を生む要因には、家族関係や社会の価値観の変化もあります。

以前は、家の跡取りである長男夫婦が親と同居をしていて、介護が必要になれば長男の嫁が世話をするという社会通念がありました。お嫁さんを中心とした家族の負担は少なくありませんが、年をとった親の面倒を誰がどこで見るのかという問題で、あまり迷う必要はなかったといえます。また親世代も、子の世話を受けることを当然として受け入れられました。

しかし現代は長男であるか否かにかかわらず、親と同居する成人の子供は非常に少なくなっています。内閣府の高齢社会白書（令和4年版）によると、65歳以上の高齢者のいる世帯のうち、高齢の親と子、孫という3世帯同居の割合は、2019年時点でわずか9・4％です。3世帯同居が全体の約50％を占めていた1980年と比べても、大きく減っているのがわかります。

代わって大幅に増えているのが、高齢者だけの世帯です。もっとも多いのは高齢の夫婦二人暮らしですが、高齢者の一人暮らしも急増しています。二つを合計すると全世帯の６割を超え、その数は約１５６４万世帯に上ります。

最大の理由は、リタイアした親世代と仕事や育児に追われる子供では、価値観も生活スタイルも異なるため、別々に暮らしたほうが互いにストレスが少ない、ということでしょう。親世帯と子世帯の分離は、先進国に共通の傾向です。以前は家制度が根強くあった日本でも、２０００年を過ぎた頃からこの傾向が加速しています。

親世帯と子世帯が離れて暮らすようになると、高齢の親は「子供世帯に迷惑をかけずに暮らす」ことが自分たちの使命という意識になり、どうしても親子間のコミュニケーションが疎遠になります。

そして「将来、介護が必要になったときに、どこでどう生活をしたいか」「病気になったときに、どんな医療を受けたいか」といった重要な話も、本音で話し合う機会を持てないまま、時間が過ぎてしまうことが少なくありません。お盆や正月など年に数回、子供が実家に顔を出したときに話をしようと思っても、せっかくの家族だんらんの機会に、介護や延命治療などの〝縁起の悪い話〟はしづらいものです。

たとえ同居をしていても、状況はそれほど変わりないこともあります。

図表6　65歳以上の者のいる世帯数および構成割合

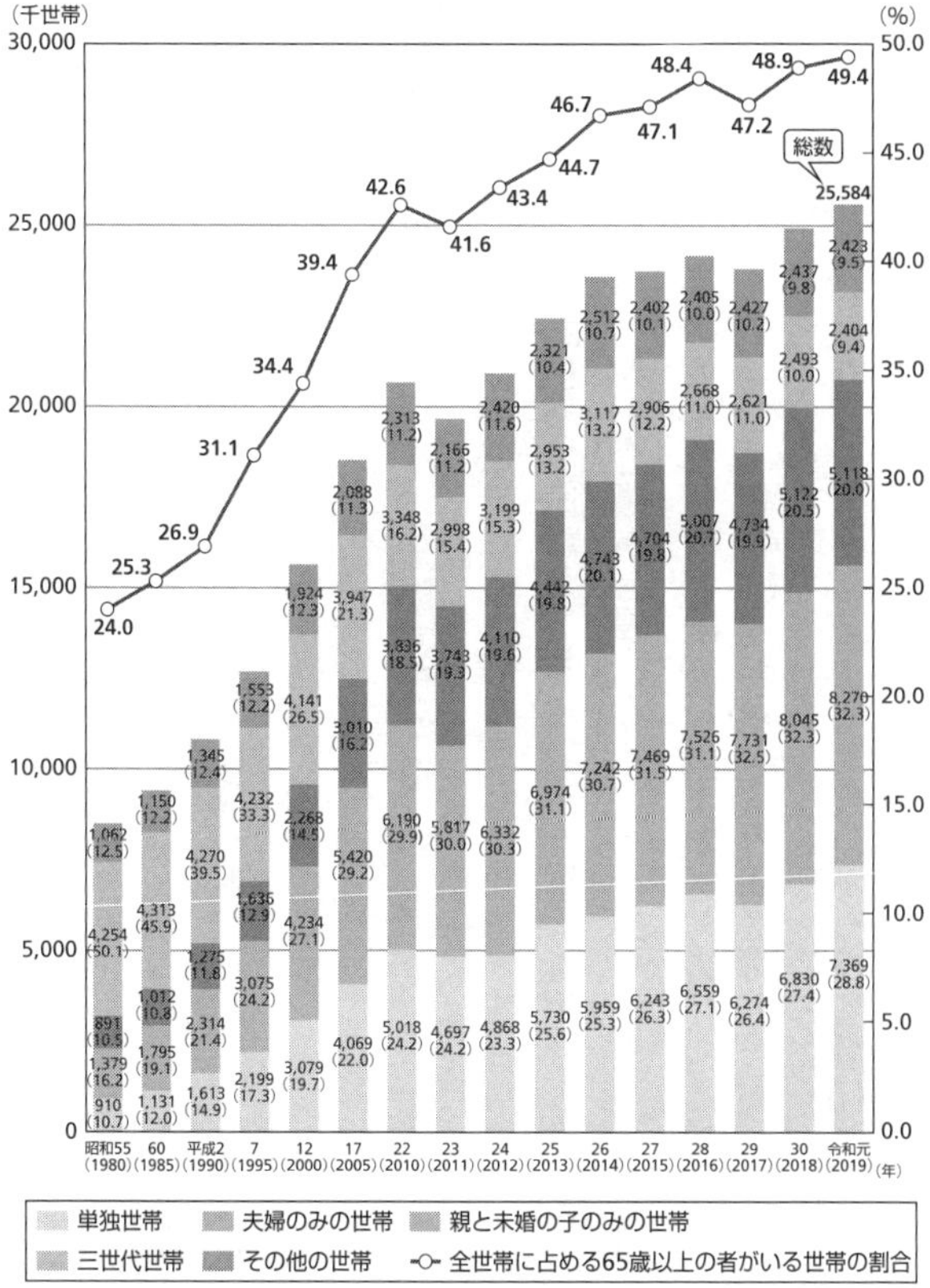

資料：昭和60年以前は厚生省「厚生行政基礎調査」、昭和61年以降は厚生労働省「国民生活基礎調査」

(注1) 平成7年の数値は兵庫県を除いたもの、平成23年の数値は岩手県、宮城県および福島県を除いたもの、平成24年の数値は福島県を除いたもの、平成28年の数値は熊本県を除いたものである。

(注2) (　) 内の数字は、65歳以上の者のいる世帯総数に占める割合 (%)

(注3) 四捨五入のため合計は必ずしも一致しない。

出所：内閣府「高齢社会白書」(令和4年版)

子供は独身でも既婚でも、日中は仕事その他で多忙なこともあり、「まだまだ元気だろう」と親の老いによる変化を見過ごしてしまう。親は親で「忙しい子供に心配をかけたくない」という遠慮から、先々の不安や体調の変化を話さない。結果として、肝心の話をできていないケースは少なくないと感じます。

高齢者を施設や病院に入れて安心する家族

そうすると、いざ介護が必要になったときにどうなるでしょうか。

高齢になった親が脳梗塞で倒れた、あるいは転倒・骨折して入院をしたという場合、退院後もリハビリや手厚い介護が必要になることが少なくありません。

現在は医療費削減のために入院日数が制限されているので、脳梗塞や骨折で入院した急性期病院に入院していられるのは基本的には約2週間、長くても90日です。高齢者の体力や運動機能が十分に回復しておらず、トイレや入浴、食事で介助が必要でも、決まった時期がくれば病院から出されてしまいます。

このとき突然、介護に直面して慌てた子供は「高齢者だけの自宅に戻すことも、仕事を持つ自分たちが介護を担うことも難しい。だから療養型の病院か介護施設に入ってもらうしか方法がない」という思考になりがちです。

多忙な子供世代にとっては、「自分たちは時間のゆとりもないし、介護の経験もない。病院や施設ならば医師や看護師、介護職員などの専門スタッフがいつもいて見てくれるのだから安心」なのです。そこでは高齢者自身がどうしたいかという本人の意向は、やむを得ないという判断で切り捨てられてしまいます。

また高齢者自身も「子供になるべく迷惑をかけたくない」という思いで過ごしてきていますから、治療や介護の方針もすべて子供や医師にまかせきりで、あまり自分の思いを主張しないことも多いようです。その結果、高齢者が本心では自宅に戻りたいと思っていてもそれが叶わなくなる確率が高くなります。

人生の終盤を住み慣れた場所で暮らすことができず、殺風景な病院や施設を転々とする生活が待っている。そういう将来を想像すれば高齢者が生きる希望を持てず、暗澹《あんたん》たる気分になるのももっともなことです。

ただ生きがいを持てないだけではありません。こうした状況はやがて、終末期になっても「本人以外の力で、死にたくても死ねない老人」を生み出すことになります。

少し前まで「老い」や「死」はもっと身近にあった

私はこれまで医師として、病院でも訪問診療でも、たくさんのお年寄りの方々の最期を看取ってきました。そのなかで「本当に満足のいく生き方・死に方」とはどういうものなのかと、深く考えさせられるようになりました。

そこで気づいたのは、高齢期に入った親世代から子供世代に至るまで、今の日本人が「老い」や、老いの終着点である「死」というものを無意識に避けようとする傾向があることです。避けるというか、見たくないものは蓋をして見ないようにしてしまう。そういう感覚が社会に蔓延しているために、かえって高齢者やその家族には混乱や悩みが増え、辛い状況に陥る例も増えている気がしてなりません。

これは昔からそうだったわけではありません。

日本でも１９６０年代前半、昭和30年代頃までは、老いや死はもっと身近なもので、家庭の中にそれらと向き合う生活がありました。お年寄りの病気療養も看取りも、病院ではなく自宅で行うのが一般的だったためです。

明治期から昭和初期を舞台にしたドラマなどでも病を患ったお年寄りが座敷に臥せていて、家で療養しているシーンがよく出てきます。周りの家族は食事などの身の回りの世話をし、持ち直したり悪化したりしながら人生の終末に向かうお年寄りの姿を、肌で感じつつ暮らしていたわけです。

そして往診に来た医師から「もう長くはない」と告げられ、いよいよ最期というときには親族が集まってお年寄りの枕元を囲み、皆でお別れをしました。現在60代以上の世代は、自分の祖父母や親を自宅で看取った経験がある人も多いのではないでしょうか。

人生をともに生きてきた家族が目の前で息を引き取る——という濃厚な死の体験は、人は最期にここに行き着くのだという当たり前のことを再認識させてくれる、貴重な機会だったと思います。

昔は今のような優れた医療技術はなかったでしょうが、老いや死は誰にでも訪れる自然なことで、それを謙虚に受け入れていた当時の日本人には今より葛藤が少なかったのではないかと想像します。

「病院死」の増加が死を遠いものにした

ところが戦後、欧米に比べて遅れていた日本の医療システムが整備され、全国に病院や診療所が増えるようになると、重い病気になったら病院に入院し、そこで亡くなる人が多くなっていきます。

厚生労働省の人口動態調査（令和3年度）によると、１９５１年（昭和26年）には、自宅で亡くなる人が約69万２０００人、死亡全体の82％を占めていました。それに対し、病院で亡くなる人は約７万６０００人（９％）に過ぎませんでした。

その後、次第に自宅で亡くなる人が減るのに反比例して、病院で死亡する人が増え、１９７６年（昭和51年）は、ついに病院死が自宅死を上回ります。そして時代が下るにつれて病院死はさらに増え続け、２０２０年には約93万８２００人、死亡全体の68％に上っています。

治療後に病院で亡くなる場合、自宅で亡くなるときとは環境も雰囲気もずいぶん違うものです。病院での臨終間際は、だいたい次のようなシーンが繰り広げられます。

高齢の患者さんの状態が危機に陥ると、まず病院から自宅の家族に連絡が入ります。

「○○さんの容体が悪くなりました。急いで病院にお越しください」

病院に到達した家族は守衛さんのいる窓口で受け付けをします。そして、病棟で看護師に案内されて病室に行くと、酸素マスクと心電図モニターをつけられた患者さんがベッドに横たわっています。家族が呼びかけても、既にはっきりした応えはありません。

そこへ看護師が来て、「先生からお話があります」と面談室へ促されます。家族は後ろ髪を引かれる思いで病室を後にし、移動します。そして面談室に着くと、深刻な面持ちの医師からこう告げられます。

「今夜がヤマかもしれません」

家族は張りつめた気持ちで病室に戻りますが、いつ、どうなるのかがわからず気が気ではありません。心電図モニターの音だけが静まり返った病室に響きます。そのまま何時間も時間が過ぎますが、家族は緊張のため、眠くても眠ることもできません。

次第に心電図モニターの音の間隔がバラバラと不規則になってきて、患者さんの呼吸もなんとなく苦しそうになり、家族は一層の不安に襲われます。

すると看護師がパタパタと病室に駆け込んできて、患者さんに触れ、「脈が触れません。先生を呼んできます」と言い残して、また足早に病室を出ていきます。

間もなくして医師が病室に入ってきて、医師も看護師も病室にいる人が全員、固唾《かたず》を呑んで心電図モニターを凝視している状態になります。

やがてモニター音の間隔がだんだん間延びしていき、そして、ついにモニターの波形が動かなくなります。そこで医師が「大変残念ですが○○時○○分、死亡確認とさせていただきます」と家族に告げるわけです。

これが、現代のごくごく一般的な「病院死」の姿です。

家族はただ不安と緊張のなかで医師や看護師の指示を待つだけで、旅立つ人に別れや感謝を伝えることもできません。最期の瞬間も医師を含め全員がモニターを見つめていて、患者さん本人が〝置き去り〟になっている例もままあります。場合によっては、面会謝絶で家族ですら病室に入れない密室医療のような状態のなかで、死を迎えることもあります。

現代の病院死の多くは、自然に訪れる人生最期の瞬間というより、家族にとって日常とは切り離された別次元の出来事のようになっています。

こうした病院死の普及によって私たちの生活のなかで死が見えにくくなったことで、「死ぬなんて縁起でもないことは考えたくない」という思考がより一層、強化されているのかもしれません。

「いざというときは病院へ」という病院信仰

現代社会で病院死が圧倒的に多いのは、入院加療している高齢者の話だけではありません。在宅で介護を受けている高齢者や施設で暮らす高齢者でも、いざ病状や容体が変わると救急搬送されるため結果的に病院で亡くなることになるのです。

都内有数の救命救急センターである東京都立墨東病院のデータによると、近年救急搬送される人は大幅に増加しており、2015年に搬送された人は2500人余り。そのうち60歳以上の高齢者がほぼ半数近くを占めています。年代別のピークは70代で、70代の人だけで年間４００人を超えています。

同病院の元救命救急センター部長・濱邊祐一医師は、次のように指摘しています。

「救命救急センターは本来、突発的なケガや病気になってしまった人のうち、その程度が重症・重篤な人を中心に扱う。だから救急医療の『最期の砦』とも呼ばれている。一方で、高齢者になると一つや二つ病気があって、つねに薬を飲んでいたりするのは当たり前。そのような人が倒れたとしても、それは突発でも不測でもない。それなのに、救命救急センターにそうした高齢者が数多く搬送されるようになってしまった」

そして、このままでは若い人の収容を断るか、救命救急医療の質を落とさなければ、立ち行かなくなると強い懸念を表しています（『週刊東洋経済』２０１６年9月24日号）。

全国に病院が増え、国民皆保険制度が整えられたのが１９６１年（昭和36年）のことです。日本人にとって医療を受けるのは国民の当然の権利となって、既に55年がたちます。そのなかで広がってきたのが「何かあったら病院へ」「いざというときは病院へ」

という病院信仰でしょう。

今の高齢者を見守る家族にはこの病院信仰がすっかり根付いているため、年齢や病状、これまで治療経過などにかかわらず、お年寄りに異変があれば慌てて救急車を呼んでしまう例がほとんどです。

高齢者が意識のない状態で搬送されると、搬送先の病院ではほぼ自動的に心臓マッサージや人工呼吸といった蘇生措置が行われます。

そうした処置によって一命を取り留めても、意識が戻らないまま人工呼吸装置によって生かされている状態になる高齢者もいます。また、意識が戻っても気管に管を入れられたお年寄りは口もきけず、チューブの交換や痰《たん》の吸引のたびに苦しさに顔をゆがめる、という状況が続くこともあります。

運よく心拍や呼吸が戻ったときは家族もホッとするわけですが、その後も胃瘻のような経管栄養をするか否かといった治療の相談が医師と家族との間で延々と続けられます。まさにこの状況が「死ねない老人」を生み出しているのです。

年金を頼りにして「死なせない」パラサイト家族

お年寄りの救急搬送といえば、私の友人の医師がこんな経験を話してくれたことがあります。

友人医師が勤める病院に、肺炎を発症した90代の男性が運ばれてきたそうです。そこで付き添ってきた家族の中年男性が、友人医師に怖い顔をぐいと近づけて「うちのじいさんに何かあったら、ただじゃおかないからな」と凄んだといいます。

実はこの家族は、お年寄りの年金で生活をしていたのです。友人医師に凄んだのは、一家の収入源であるおじいさんが亡くなるようなことがあれば許さない、という意味だったようです。

幸い、このおじいさんは奇跡的に回復して帰宅されたようですが、それにしても90代という高齢者に「何かあったらただじゃおかない」と医師に迫る家族というのも、すごいものです。もはやお年寄りを人として見ておらず、ＡＴＭ（現金自動支払機）か何かのように考えているわけですし、病院へ連れていけば何とかしてくれる、命もコントロールできるという誤った医療過信にも、思わず言葉を失ってしまいます。

ただこの家族ほどでないにしても、十分な年金支給を受けている高齢世代に依存して生活する〝パラサイト（寄生）〟家族は、決して珍しいことではありません。親の介護のために子供が離職し、やむなく年金頼りの生活になっている家族も多くいます。

また経済的には依存関係がなく、高齢者が「もう十分に生きたし、治療にも疲れた」「病院は嫌だ、家で過ごしたい」と思っていても、家族がそれを許してくれないというケースは昨今、本当に多くなっています。

家族が「一日でも長く生きてほしい、そのために病院で治療を続けたい」と願う気持ちもよくわかりますが、それが必ずしも高齢者のためになっているとは限りません。かえって穏やかな最期を遠ざけてしまい、お年寄りの心身の苦しみを長引かせることになる場合もあることを覚えておかなければなりません。

家族を混乱させる「遠くの親戚問題」

長年の介護の末、容体が変わっても、あえて救急搬送をしないことを選ぶ家族もおられます。高齢者が「自分は無理な延命治療を望まない」「最期まで自宅で過ごしたい」という意思を周囲にはっきり伝えていて、身近で介護をしている家族もそれを了解している場合です。

しかし、それでも高齢者の意思や希望が尊重されず搬送されてしまうケースも現実にはあります。

実家から離れて住んでいる子供とか田舎の親類などが、いよいよというときになって「やっぱり病院で治療を受けさせてほしい」と突然口を挟んでくることがあるのです。終末期の人の家族を混乱させる「遠くの親戚問題」といわれるものです。

高齢者のそばにいて長く介護をしてきた人であれば、長生きしてほしいと思いつつも、闘病の苦労などを間近に見ているうちに「もう十分に頑張った、あとは本人の希望を叶えてあげたい」という気持ちに行き着くことが少なくありません。

けれども、親しい付き合いのない遠い親戚にあたる人たちには、高齢者の苦労や家族がそういう心情に至った経緯が見えません。

そのため「病院に行かせないなんて世間体が悪い」とか、「病院へ行けばまだ何か治療法があるはず」と主張して救急車を呼んでしまうのです。

またときには近い家族間、たとえば長男・次男・長女・次女といったきょうだい間でも、介護や終末期のあり方について意見が割れることも多々あります。「延命を望まない」という親の意思を尊重したいと考える人と、「まだ医療によって生きられる可能性がある」と考える人とで意見が分かれてしまい、後者の立場や主張が強いときには、本人の意思に反して救急搬送になってしまうのです。

こうなると高齢者は病院で望まない延命治療を施されることになりますし、家族間にも大きな亀裂が残ってしまいます。人生の終わりの一幕がトラブルばかりになってしまい、誰も幸せにならない辛いパターンです。

リビング・ウィルもただの紙切れになる可能性

ここまで読んできて、「終末期の希望をきちんと『リビング・ウィル』に記しておけば家族間のもめ事も避けられるのではないか？」と思った人もいるかもしれません。

リビング・ウィルというのは、病気や事故などで回復の見込みがなくなったとき、いわゆる終末期に、どういう医療を受けたいか（受けたくないか）といった意思・希望を記した要望書のことです。

リビング・ウィルを日本語にすると「生者の意思」となり、「生前趣意書」「医療の要望書」などと呼ばれることもあります。終末期医療のほか、葬儀の方法や臓器提供の可否などを希望に含める場合もあります。

リビング・ウィルはもともとアメリカで発祥した考え方ですが、がん末期の緩和医療を中心に徐々に日本でも広まってきました。

最近は、延命治療で無理に生かされることを望まない高齢世代が増えたこともあり、この10年ほどの間に、リビング・ウィルの存在は一般の人々にもずいぶん知られるようになってきました。リビング・ウィル（「人生の最終段階における事前指示書」）の普及を進める日本尊厳死協会の会員数は、２０２２年時点で10万人弱となっています。

ところが、このリビング・ウィルにもまだ問題があります。

それは、現在の日本ではたとえリビング・ウィルがあっても、医師による延命治療の中止は法的に認められていないということです。

ですから現在は、高齢者がリビング・ウィルを残していて医師がそれに則《のっと》って治療をやめた場合でも、家族から「そんなものは知らない。治療を中止したのは殺人だ」と訴訟を起こされれば医師は責任を問われます。場合によっては殺人罪で逮捕されることも考えられます。

法的な裏付けがない状態のままでは、せっかくのリビング・ウィルもただの紙切れに過ぎなくなってしまう可能性が残るのです。

リビング・ウィルや尊厳死の問題はまた後の章でも詳しく説明しますが、この問題の根幹にあるのは、高齢者とその家族、そして医療者まで、日本社会全体が生物として避けられないはずの「死」を認められなくなっていることです。

第二次世界大戦が日本人の死生観に与えた影響

20代の若者にも、80代、90代の高齢者にも同じように救命措置を行い、高齢者本人がそれ以上生きることを望んでいない可能性があっても、医療技術でひたすら死期を延ばしてしまう。この日本人の姿勢は、世界でもかなり特異なものです。

現代の日本人がこれほど「死」をタブー視してしまうのは、なぜなのでしょうか。

一つには、先にも述べたように、家での看取りに代わって病院死が増えたこともあるでしょう。多くの人が自宅で亡くなっていた時代は、祖父・祖母、父親・母親を順に亡くし、身近な人を見送りながら死を考える機会がたくさんありました。それが現代では、死について静かに思いを巡らすような時間は持ちにくくなっています。

また宗教の問題もあるかもしれません。

私の知人にキリスト教のプロテスタント教会の牧師をしている人がいますが、信者の人の葬儀で「(死によって)神に召されることは喜びです」と話をしていたことがあります。キリスト教の多い欧米の人々は、そういう言葉で死を受け入れてきたのかもしれません。

ただ日本人の場合、宗教は死生観にそれほど深く関わっていない気もします。

現代日本人が無宗教だから死を認められないというよりも、私はむしろ、第二次世界大戦の影響のほうがずっと大きいように感じます。

第二次世界大戦で敗戦国となった日本は、民間人を含めて３００万人もの多くの犠牲者を出し、特に国の未来を担うはずの多くの若者の命が失われました。そこで戦後の日本で「もうこれ以上、国民を死なせてはいけない」「命は何にも代えがたい貴重なもの」という思想が強く支持されたのは、想像に難くありません。

そのなかで栄養状態の改善、医療の進展などの国民の健康・医療政策が図られ、「死は克服すべきもの」という姿勢ばかりが強調されてきたのでしょう。

しかし戦争や感染症などで若くして命を失うことと、年をとって体が衰え、やがて生の最終段階として死を迎えることとは、まったく別の問題です。

人生の終わりの死はすべての人が必ず経験するものです。にもかかわらず戦後の日本国民に、命の終わりについて議論し、考えることを指導してこなかった文部科学省の責任は大きいと私は思います。

とはいえ、国が動くのを待っていても今の状況はそう簡単には変わらないでしょう。

今後は私たち国民一人ひとりが長い人生を「どう生きて、どう終えるか」をもっと真剣に考えていかなければなりません。

これは、私たちの暮らす日本が敗戦から立ち上がり、豊かになったからこそ生まれている新しく、重要な問題なのです。

第3章 望まない延命治療が生み出す「死ねない老人」

治療と延命に突き進んできた日本の医療

現代の日本では赤ちゃんからお年寄りまで、病院や診療所を受診したことがない人は、ほとんどいないと思います。

もともと健康だった人が急な高熱や痛みに襲われたとき、事故でケガをしたとき、思いがけず病気が発覚したとき、病院などで治療を受けて回復すると、その患者さんや家族は「ああ、よかった」と心から安堵するでしょう。いつでも誰でも高水準の医療を受けられる日本は、本当に恵まれた国です。

ところが、世界トップの超高齢社会になった今、そのありがたいはずの医療が一方で別の問題を生み出しています。それは過剰な医療、望まない高度医療が「死ねない老人」をつくりだす原因になっていることです。

近年、日本の医療は目覚ましい発展を遂げてきました。

昭和20年代まで日本人の死因1位だった結核は、抗生物質ストレプトマイシンやBC

Gワクチンの普及で激減しました。幼い子供が命を落とす乳幼児死亡率は、やはり昭和30年頃までは欧米に比べて大きく後れをとっていましたが、その後の40年ほどで世界トップクラスに追いついています。

この間には、ＣＴなどの検査機器や医療機器が普及し、さまざまな疾患の新薬の開発も大きく進みました。がんの治療でいえば、次々に新しい抗がん剤が開発され、手術の手技を含めた治療法は日進月歩で進化してきています。

わが国の医療はそうした新たな医療技術をどんどん取り入れ、「どこまでも治療する」「一分一秒でも命を長らえる」という延命至上主義をひたすら突き進んできたわけです。それにより、１９８０年代にはかつての目標だった欧米各国を抜き去り、世界一の長寿国に躍り出ています。

数年前に、ＮＨＫスペシャルで「がん治療革命が始まった」と銘打った番組を放送していました（２０１６年11月20日）。

これは人の遺伝子情報をもとに、その人に最適ながん治療を行う、「プレシジョン・

メディシン（精密医療）」を紹介したものです。プレシジョン・メディシンは、アメリカでオバマ元大統領が国家戦略に位置づけ、80億円の予算を投じて大規模な臨床試験をしました。日本でも当時、全国235の病院と製薬会社15社が集まり、研究がスタートしました。

番組では、がん細胞の遺伝子変異を調べると、甲状腺がんの遺伝子変異として知られていたものが、肺などの別の臓器のがんにも同じ変異があることが判明したと解説。そこから甲状腺がんの分子標的薬が肺がんにも効く可能性があると予想して治験を行い、実際に肺がんが大きく縮小した患者の症例も紹介していました。

臨床試験を行う国立がん研究センター東病院の医師は、このプレシジョン・メディシンにより、これまで臓器別に分けられていたがん治療が、がんの遺伝子に基づく効果的な治療に代わっていくだろうと、いかにも楽しげに語っていました。

新しい技術により、それまで治療が難しかった病気の治療が可能になる。これは病気を克服し、人の命を救うのが使命である医師にとって大きな意義を感じられることです。より高度な医療技術を追求することに反対する理由は考えにくいものです。

高齢者医療には、むしろ弊害が多くなっている

しかし、こうした流れのなかでわが国の医療は「いつまで、どこまで治療をするのか」という難しい問題についてほとんど見て見ぬふりをしてきました。

非常に高齢になったとき、または終末期が近づいたときの治療のやめどきや、治療後の患者さんの生活をどう支えるかという部分は、あまり議論されることなく長く置き去りにされてきたのです。

その結果、特に高齢者医療の分野でさまざまな弊害が生じてきています。医療によってかえって状態を悪くしている高齢者が多いのも、その一例です。

高齢になると、糖尿病などの慢性疾患を抱える人が多くなります。一つの薬の効きが悪くなれば別の種類の薬に変え、半永久的に飲み続けるように医師は指導をします。すると、年をとって病気の種類や不調が増えるたびに薬の種類も量も増えてしまいます。10～20錠もの薬を飲み続けている高齢者は珍しくなく、薬の副作用によってふらつ

き・転倒や、認知機能の低下、うつ症状などが起きている例も少なくないと推測されます。

そうかと思えば、一通り治療を行って治療の手が尽きると「もう年なので治りません」と高齢者を突き放してしまう医師も少なくないようです。

たとえば、お年寄りが脳梗塞の後遺症や神経障害などで車椅子の生活になったとき、「もう一生、車椅子の生活です」と言い放つ医師がよくいます。医師としては脳梗塞や神経の治療をしたのだから役割は果たした。車椅子でも命があるだけいいだろう、と言いたいのかもしれません。

しかしこうした医師の一言が、お年寄りを絶望の淵に追いやってしまう例は少なくありません。

私は以前から、前立腺がんで背骨に転移があり下半身麻痺になった70代の患者さんを診療しています。通常なら、脊髄が傷ついてその年齢であれば100％車椅子で、再び歩けるようになる可能性はないと考えられており、主治医にも「もう一生車椅子生活です」と言われました。

ですが、私は患者さんに「また自分の足で歩きたい」という気持ちがあるのを見てとり、「きっとまた歩けるようになりますよ」と声をかけました。すると、その患者さんは大変なリハビリを懸命に頑張り、奇跡的に自分の足で歩けるまでに回復されたのです。

治療後の患者さんを支えるのも医師の大切な仕事のはずですが、治療のことしか頭にない医師にはそれがわからないのかもしれません。

人形のような入院患者が並ぶ終末期の姿

そして、いよいよ高齢者が心疾患や脳卒中などで倒れたときには、人工呼吸器、胃瘻などの人工栄養といった濃厚な高度医療を続けようとします。

人工呼吸器をつけた人は痰が詰まらないように数時間ごとに痰の吸引をしますが、このときは意識のない人ですら、苦しさに体を震わせます。動いて管を引き抜いてしまわないよう、手足や体をベッドに縛り付けられることもあります。

濃厚な医療をするのは、もちろん高齢者の家族が延命を望むから、というのもありますが、医師が治療の選択肢を示せば、家族は「治療をしないで」とはなかなか言いにくいものです。高齢者の意思がはっきりしていない場合、家族は治療中止を希望すれば、お年寄りを見殺しにしたような気分に苛まれるからです。

また介護施設では食事をとれない人の受け入れが難しいことが多く、自宅で介護できない高齢者を施設に入所させるために、胃瘻の造成が行われることもままあります。その結果、意識がないまま延命装置だけで命を長らえているような「死ねない」高齢者が、数えきれないほど生まれています。

今の日本中の病院には、命はあるけれど人形のように横たわったままの高齢の入院患者が並ぶ一角があるはずです。

呼びかけても何の反応もなく、たくさんの管につながれた痛ましい姿を見るのは辛いのでしょう。やがて見舞う家族の姿もほとんど見られなくなります。ただ静まり返った病室に医療機器の音だけが響いている光景は、非常に寂しいものです。

日本の医学部では「死」を学ぶ時間がない

さらに私が危惧しているのは、若い医師や医師を目指す学生たちが一昔前までは日本にもあったような「普遍的な死」をほとんど知らないことです。

今の20〜30代の若い世代は家族を在宅で看取ったような経験はまずありませんし、自分の祖父母も病院で亡くなるところしかおそらく見ていないでしょう。自然な人の死とはどのようなものか想像するのも難しいかもしれません。

しかし3年後の2025年には、戦後のベビーブームに生まれた団塊の世代が75歳以上の後期高齢者に突入し、膨大な数の人が死を迎える本格的な「多死社会」に入ります。現在の年間死亡者数は140万人ほどですが、これが2025年には160万人に膨らむと推測されています。

そのときに、ひたすら病院で治療を続ける医師、患者さんの顔を見るよりモニターを眺めて「モニターの波形がフラットになる＝死」というような認識の医師しかいなければ、人生の最終盤に苦しむ高齢者とその家族を大量に増やしてしまいます。

穏やかな尊厳のある死とは、そもそもどのようなものなのか。

高齢になって死にゆく人は、どのように心身が変化していくのか。そのときどのような医療があれば、より苦痛が少なく満足度が高いか。またその過程を見守る家族や医療者は、どのような支援をしていくべきか。

そういう「死についての教育」「死に向かう患者さんに寄り添う教育」が、国の将来を担う若い医師にこそ絶対に必要だと思うのです。

しかし現状、日本の医学部の教育のなかには「死」や「終末期」を学ぶ時間はほとんどありません。学生を指導する大学の医師たちは研究に忙しいですし、医学教育は年々高度化し、専門分野ごとに細分化が進んでいるので、6年間のカリキュラムのなかでさらに新たな時間をとるのは難しくなっています。

念のために、私の母校の医学部のシラバス（講義などの学習計画書）を確認してみました。すると「医療の実践」の学習内容の一つに「緩和医療、終末期医療、代替医療の概要を理解している」という項目がありますが、この項目の到達レベルは「基盤となる知識の習得が単位認定の要件である」となっています（2016年当時）。

つまり、教科書で学んで少し知識がある、というくらいしか大学では学ぶ機会はないということです。

肝心の教科書も、日本で使うものは終末期医療についての詳しい記述はありません。アメリカの内科学の教科書（「ハリソン内科学」）の第1章には「緩和ケアと終末期ケア」という項目があり、終末期の人の食の変化などについて理論がきちんと説明されているのとは対照的です。

さらに医師を目指す学生や若い医師というのは、やはり「患者さんを治す」ことにやりがいを見出しているものです。

思えば、私自身もそうでした。私が医学部を卒業して最初にやりたいと思ったのは、救命救急です。もともと関心のあった外科の技術を学べますし、いかにも命を救う最前線という感じで「かっこいい」「エキサイティング」、そういうイメージで勤務先を決めたくらいです。実際には、救急の現場では多くの人が亡くなっていくのですが、当時はその死を深く考える余裕もありませんでした。

昔の自分のように、若い医師たちは自主的に終末期医療＝死にゆく人のための医療を学ぼうというモチベーションを持ちにくいと思いますから、だからこそ、大学時代や若いうちに学ぶ機会を提供することが重要だと思います。

私も母校に、学生や研修医に死についての講義をさせてほしいと何度も掛け合っていますが、なかなか時間をとってもらえないのがもどかしいところです。

最初の「在宅死」で受けたカルチャーショック

私は救命救急センターに勤めた後、心臓血管外科や消化器外科の病院に勤務し、その後大学院に戻ってドクターを取得。その後に勤めたさいたま赤十字病院では、がんの末期の患者さんの看取りを多く経験しました。

私の父が開業していた当院を２００３年に引き継いだときに、外来と併せて訪問診療をスタートしました。当初は私自身も在宅医療というものがよくわかっておらず、訪問看護ステーションの存在もろくに知らなかったので、患者さんのお宅を一人で訪ね、自分で点滴を打って帰るといったことを続けていた時期もありました。

そのうちに以前当院に勤めていた看護師が、私の様子を見かねて近くに訪問看護ステーションがあることを教えてくれ、訪問看護や訪問介護などのスタッフと連携して、ようやく在宅医療の形が整ってきました。

そして在宅で初めて患者さんの看取りをすることになり、私はそこで衝撃というか、カルチャーショックを受けました。

在宅での看取りは病院ではつきものの心電図モニターの音がなく、非常に静かで、旅立つご本人も見守るご家族も驚くほど穏やかなのです。その在宅死1例目の患者さんは、ご家族に看護師さんがいて、その方も「モニターの音がなくて静かですね」と看取りの感想を語っていたのを覚えています。

その後、2例目、3例目と在宅死を経験していくうちに、私は「在宅死って、いいな」と思うようになりました。患者さんの息が止まるとご家族が私を呼ぶのですが、家に着いたときには既に家族が集まって「大往生だったね」と談笑しながら、お茶を飲んだりしていることがあるのです。

病院死がすべて悪いというわけではありませんが、どちらが自然で安らかな死かといえば断然、在宅ではないでしょうか。

医療者こそ、「自分の死」をイメージしてみよう

そこで私は、在宅医療の仲間を広げようという思いで地域の医師や看護師、歯科医、薬剤師とともに2006年に「県南在宅医療研究会」を結成。その活動の一環として、医師や看護師、介護職、行政スタッフなどを対象に、死についての考え方、在宅での看取り方、ターミナルケアなどについて多くの講演や勉強会を行っています。

特に、私が講義をしている大学や専門学校の学生には、次のような話をよくします。

「皆さんは『自分が死ぬ』ということを考えたことがありますか？」

私が集まった若い医療従事者たちにそう問いかけると、多くの人は「どうかなあ」というふうに首をかしげます。

日々、人の命を扱う医師や看護師であっても、自分自身や身近な家族の死となると正面から向き合うのは決して簡単なことではありません。「死」は人間にとっておそらく

もっとも理不尽なものです。だからこそ底知れない恐怖や嫌悪を感じ、それについて考えるのを避けたいと思ってしまうのは一種の本能だと思います。また年齢が若いほど、自分が老いて死ぬということが具体的に想像できないのも、無理はありません。

そこで、私はこんな質問を続けます。

「たとえば、ある患者さんに『早くあの世に行きたい』と言われたら、なんと答えますか？

また別の患者さんに『もうじき死ぬんですかね？』と問われたら、どうしますか？」

すると返事に詰まり、うーんと考え込んでしまう人が大半です。

つまり医療者が「死」から目をそらし続け、正面から向き合えずにいると、死に向かう病気を持つ患者さんとも、きちんと向き合うことができないのです。適当な言葉でその場をごまかし、以後は、患者さんに答えにくい質問をされないよう目を反らすようにして診察や処置をする——そういう対応しかできなくなってしまいます。それでは、患者さんが心から満足できる医療を提供することはとてもできません。

だから私は若い医師や看護師に、「死に向き合う第一歩として、まずは自分の死をイメージしてみよう」と伝えています。家族のいる自宅で最期を迎えるのか、病院や施設で息を引き取るのか。ベッドの上で恐怖や苦痛に怯えているのか、穏やかな気持ちで旅立とうとしているのか。自分自身の最期のときを考えてみることが、終末期の患者さんの気持ちを知る糸口になると思うのです。

そして私自身はとりたてて信仰心のない不心得者ですが、「医療従事者は、生前に徳を積み重ねれば、極楽往生」とも話をしています。

一人でも多くの患者さんと一緒に病と闘い、本当に満足すべき医療を提供できれば、その患者さんが亡くなっても「仲間」のままです。自分があの世に行くときには、先にあちら側に行っている仲間の患者さんたちと会うのが楽しみになる、という意味です。

少なくともそう考えれば、「死」はただ怖い、避けるべきものではなくなると思います。

医師にとって「死が敗北」なら、確実に「全敗」

医師は病と闘い、人の命を救うのが仕事です。

そのため医師にとっては、患者さんが亡くなることは医療の力が及ばなかった「敗北」という感覚があるのも事実です。だから死を認められない、認めたくない気持ちが働くのかもしれません。

しかし、どれだけ医療が発展しても、生物としての死を免れることはできません。人の致死率は１００％です。医師にとって「死が敗北」なら、確実に「全敗」なのです。「全敗」というのは、90歳まで現役の医師として臨床の現場に出ていた私の父の言葉です。父は生前、医療の究極の目的は「いかに患者さんが満足して死んでいけるか」だとも語っていたことがあります。

医師として半世紀以上、患者さんの生死を見つめてきた経験、そして自分自身が年齢を重ねてきたなかで行き着いた、一つの結論だと思います。私自身も在宅医療や看取りを行うようになってから、つくづく父の言葉は真理だと思うようになりました。

「満足のいく最期」ということを考えたとき、人工呼吸器や人工栄養などの望まない延命医療を施し、高齢者の苦痛を増やすのは満足とは正反対の、明らかに患者さんの利益に反する行為です。

にもかかわらず、終末期に至っても濃厚な医療が続けられてきた背景について、東京大学大学院人文社会系研究科附属死生学・応用倫理センターの特任教授・会田薫子氏は、次のように指摘しています。

「なぜ終末期の高齢者に人工栄養（胃瘻）を行うかというと、『自然死についての社会のコンセンサスがない』『法律上の問題がある』『家族の希望である』『遠くの親戚が口を出す』などの様々な理由が出てくるが、実は『人工栄養の差し控えは餓死させることと同じだと思う』という医師の意識が一番大きいものだった」（ブックレット『高齢者の終末期医療を考える』生産性出版）

現在の日本では高齢者医療に携わる医師ですら、より苦痛が少なく、満足度の高い終末期医療についての正確な知識や理解がない、ということです。これは世界的に見ても異様な状況です。

「人は死にゆくもの」という視点が世界のスタンダード

アメリカや欧州、オーストラリアなどの先進諸国では、人として尊厳のある死やそのための終末期医療について、もうずいぶん前から議論がなされてきています。それにより、どのようなときにどのような医療・ケアを行うか（行わないか）という具体的な指針も既につくられています。

たとえばアメリカでは、人生の最期のときまで本人の意思決定、自己決定権を尊重することが、尊厳のある死という考え方があります。

そのため、高齢や病気によって終末期に至った人が治療を望まないという意思表示をしたとき、医療者はもちろん、家族ですらそれに反対することはありません。万一、本人の意思に反して治療を行えば、医師が家族に訴えられることもあります。

ただ一般の患者さんの意思表示だけでは、希望する医療の内容があいまいだったり、家に保管していていざというときに役立たなかったりすることから、医師と相談して治療内容を確認しておく「生命維持治療のための医師指示書（通称ＰＯＬＳＴ）」というものが活用されるようになっています。

これは１９９１年にオレゴン・ヘルスサイエンス大学病院のリチャードソン博士が開

発したものです。終末期の人（病気や加齢で余命1年程度と診断された人）が、次の医療行為を受けるかどうかについて、患者本人あるいは医療代理人と、医師とが相談して決めます。医療行為は①心肺停止時の蘇生、②脈拍あるいは呼吸があるときの積極的治療、③抗生剤投与、④人工栄養、の四つです。そしてオリジナルの医師指示書は患者さんが保管し、医師もコピーを所持したり、情報をカルテに保持したりします。

これがあれば、患者さんの状態が変わったときにも医師は治療方法に迷うことはありません。実際の医療現場で、患者さんの意思が確実に反映されるしくみといえます。

またオーストラリアでは、政府が２００６年に「高齢者介護施設における緩和医療のガイドライン」を策定しています。

そこでは、終末期の医療・ケアについて次のような方針が明確に示されています（以下、『高齢者の終末期医療を考える』より引用）。

・無理に食事をさせてはいけない
・栄養状態改善のための積極的介入は、倫理的に問題がある

・脱水のまま死ぬことは悲惨であると思い点滴を行うが、緩和医療の専門家は経管栄養や点滴は有害と考える

・最も大切ことは入所者の満足感であり、最良の点滴をすることではない

食べられなくなった患者に無理に食べさせるのは「虐待」

世界各国の終末期医療を調査し、札幌で「高齢者の終末期医療を考える会」を立ち上げているのが、宮本顕二医師と宮本礼子医師のご夫妻です。

認知症が専門の宮本礼子医師は、２００７年に初めてスウェーデンの終末期医療を目にしたときの驚きを率直に著書に綴り、現地の医師の話をこう紹介しています（『欧米に寝たきり老人はいない』中央公論新社）。

「タークマン先生は、『スウェーデンでは、高齢者が食べなくなっても、点滴や経管栄養を行いません。食べられるだけ、飲めるだけですが、安らかに亡くなります。私の父もそうして亡くなりました。亡くなる前日まで話すことができて穏やかな最期でした』

と言いました。

日本では高齢者が人生の終わりに食べなくなると、点滴や経管栄養をするのが当たり前でした。点滴もしないことに私が驚くと、『ベッドの上で、点滴で生きている人生なんて、何の意味があるのですか？』と逆に聞かれてしまいました。そして『スウェーデンも昔は高齢者が食べなくなると点滴や経管栄養を行っていましたが、20年かけてしなくなりました』と言っていました」

終末期の高齢者が食べなくなるのは、死に向かうとき自然な体の変化です。死が近づくと体が食べ物を受け付けなくなるのです。

日本でも昔は医師にも社会にも「食べられなくなったらそこまで」という感覚があったものです。そしてときどき口に水やリンゴの搾り汁などを含ませる程度で、それだけでお年寄りは穏やかに亡くなっていました。

それに対し、現代の医師や介護者は高齢者が食べなくなると空腹やのどの渇きで苦痛なのではないかと考えてしまい、いつまでも必死に食べさせようとします。そして自力で食べられなくなれば、人工栄養や点滴を施します。

宮本礼子医師も、日本で欧米式の人工栄養も点滴もしない終末期医療を提案すると、必ず医師たちから「患者さんを餓死させるのか」「見殺しにするのか」という質問や反発を受けると記しています。

しかし終末期に至った人は、健康な私たちが想像するような空腹やのどの渇きによる苦痛は感じなくなっています。体内の栄養や水分が少なくなるとβエンドルフィンやケトン体が多く分泌され、自然に鎮静鎮痛効果が働くともいわれています。

むしろ食べられなくなった患者さんに無理に食事をとらせ、誤嚥性肺炎を繰り返すようなことは欧米の感覚でいえば「虐待」に相当します。会話もできない寝たきりの状態で褥瘡《じょくそう》をつくりながら胃瘻で命をつなぐというのもそうかもしれません。

点滴にしても、体に水分を多く入れれば痰が増えて吸引が多く必要になりますし、浮腫や肺水腫が増え、溺死と同じように肺に水が溜まって亡くなる患者さんも多くいます。

私も在宅看取りでは点滴を減らし、水分を抜いて〝乾かす〟ようにしたほうが、患者さんの苦痛が少なく穏やかな最期になることを、確かに実感しています。

台湾、韓国も積極的延命をしない方向にシフト

欧米のほか、歴史的・文化的な背景の近いアジアでも、台湾や韓国は25年近く前から、患者本人の希望があれば積極的延命をしない方向になっており、法的にもそれが保証されてきています。

台湾では、2000年に「安寧緩和医療法」という尊厳死を法的に認める法案が100％の賛成で可決しています。

台湾でも尊厳死法制化の前は、終末期の人に対して心臓マッサージ、人工呼吸、人工栄養、点滴などの処置が行われていたそうです。

しかし現在は患者本人、または代理人のリビング・ウィルがあれば、延命治療の非開始も中止も、どちらも合法になりました。

また台湾には「終末期退院」と呼ばれる慣行があり、本人が希望すれば病院で緩和ケアを受けることも、自宅で在宅ホスピスを受けることもできるようになっています。

一方の韓国では、終末期医療中止等を法的に認める「ホスピス・緩和医療および終末期患者の延命医療の決定に関する法律」が2016年1月に可決成立。2018年に施

行されました。患者さんの意思表明については「事前延命医療意向書」を作成し、登録します。登録先の医療機関やリビング・ウィル事業者を管理する、国立延命医療管理機関も設置されています。

私も以前、海外の終末期患者のための病室を見学したある先生の講演で次のようなことを聞きました。

そこは天国に一番近いという意味で病院の最上階にあり、室内の内装も、天国や極楽浄土を思わせるような明るく、居心地のいい雰囲気になっていました。そこでお年寄りたちは家族と自由に交流をしたり、苦痛を取り除くケアを受けたりしながら最期の日々を過ごすのです。病院で亡くなるにしても、こうした環境と適切な終末期医療・ケアがあれば、その人らしい尊厳のある死を実現することはできるのです。

世界一の超高齢社会である日本でも、家族や医療者が納得するための終末期医療ではなく、「患者さんの最善の利益」のための終末期医療が整備され、広まっていく必要があるのはいうまでもありません。

日本の終末期医療、緩和医療の歩み

日本にがん終末期における緩和ケアの概念が入ってきたのは、１９６０年代から70年代のことです。

しかし、それからしばらくの間は、一般的な病院ではがんの緩和医療もそれほど理解が進みませんでしたし、がん以外の疾患の緩和医療や高齢者の終末期医療という点は、ほとんど顧みられることはありませんでした。

胃瘻が広く行われるようになってきた１９９０年代には、むしろ「生存期間を延ばせる治療法があるのに、それをしないのは人命軽視」という風潮が強かったほどです。

終末期の高齢者が食べられなくなったら自然死、という方針をとっていた病院に対し、「人工栄養を使えばまだ生きられるのに、それをしないのは消極的安楽死をしている」とマスコミなどが糾弾することもありました。

また90年代後半から２０００年代半ばにかけては、医師の処置や治療の中止が殺人にあたるとして、医師が書類送検される事件も相次ぎました。

人工呼吸器の停止とともに患者に薬剤を投与して死亡させた積極的安楽死では、95年の東海大学安楽死事件や98年の川崎協同病院事件があります。

延命治療の中止による、いわゆる消極的安楽死の例としては、2003年の北海道の羽幌病院の一件が知られています。食事を喉に詰まらせて心肺停止の状態で搬送された90歳の男性患者に対し、担当した女性医師が「脳死状態で回復の見込みがない」という理由で人工呼吸器を外すことを家族に提案。翌日に人工呼吸器を外し、男性は死亡しました。これに対し県警は、女性医師が他の医師の意見を聞かず独断で判断したこと、本人の意思確認や家族への説明が不十分だったことなどを理由に書類送検に踏み切っています。

2006年には、富山県射水市民病院の外科部長が、50〜90代の男女7人の人工呼吸器を外し、やはり書類送検となっています。7人の患者さんのうち5人はがんの末期で、全員が回復の見込みがない状態であり、本人や家族の同意があったにもかかわらずです。

この2件はいずれも不起訴となっていますが、こうした事例が延命治療の是非についての議論や、現場の医師の意識を萎縮させてきたのは厳然たる事実です。

しかし、だからといって今後も延命だけに偏った医療を続けていれば、国の財政も医療システムも破綻しかねないことは、多くの医療従事者が肌で感じているはずです。

そして高齢になり終末期になったら、自分の意思に反した医療を受けることになっても仕方がない、という社会では誰も長寿を喜べないのは当然です。若い医師や看護師たちだって自分の親や自分自身は、意識もないまま何本もの管につながれた姿で最期を迎えたいと思うという人はいないでしょう。

ようやく増えてきたがん患者の在宅看取り

最近、がんの緩和ケアについては、この15年ほどで急速に広がりを見せています。

２００７年にがん対策基本法が施行になり、病院でも緩和ケア病棟が増えてきました。また介護保険による訪問看護・訪問介護が普及し、病院から在宅・地域へという国の医療政策の変更もあり、がん患者さんの在宅看取りは近年非常に多くなっています。

がんの終末期には激しい疼痛が起こってくることがありますが、それも麻薬などではぼコントロールできるようになり、自宅で穏やかにその人らしい最期を迎えられるケー

図表7　がんの在宅看取り症例

81歳　男性
手術不能肺がん
介護者:妻
経過　COPD(慢性閉塞性肺疾患)にて当院でH. 17. 3〜外来加療。H. 23. 8左上肺野の肺がんが発見され、川口市立医療センターで精査。肺機能および全身状態から手術不能のため、当院で外来通院を続行。

H. 23. 8	手術不能肺がんと診断 その後外来通院
H. 24. 5. 7	呼吸困難感、SpO2低下→在宅酸素導入
5. 11	妻に付き添われて来院。「少し楽になりました」
5. 23	通院困難とのことで訪問
5. 26	意識低下→訪問。苦痛は訴えず傾眠状態
5. 27	午前9時に呼吸停止。診療のためすぐには訪問できず、12時40分に自宅で死亡確認

スがとても多くなっています。

　私もがん患者さんの在宅診療、在宅看取りを数多く行ってきていますが、闘病の後、残された時間を自宅で家族とともに過ごしている患者さんたちは、とても人間らしい穏やかな表情で日々を送っています。

　ある患者さんは在宅生活になって「病院にいると自分がいつ死ぬかとしか考えられなくなるのですが、自宅にいると、今日も生きててよかったと思えるんです」と語っておられました。

患者さんを見守るご家族にしても、家

で患者さんの世話をすることで家族の絆、家族のつながりを再認識する時間を持つことができます。

がんの場合、終末期の経過がある程度決まっているうえ、本人の意識は亡くなる少し前までクリアなことが多いです。だから旅立つ本人は周囲に別れを伝えられますし、最期のときに向けて家族も心の準備を整えることができるのです。

ですから今の時代、年をとってがんになることは、決して悪いことばかりではないと思います。

がん以外の終末期医療はどうあるべきか

問題は、がん以外の、高齢による臓器不全や認知症などの終末期にどのような医療を行うか、でしょう。

実は日本でも、２００８年４月に「後期高齢者終末期相談支援料」が設けられたことがあります。これは75歳の後期高齢者の患者と医師、家族が終末期の治療方針を話し合い、それを書面にすると診療報酬が払われるというものです。いわば、日本版ＰＯＬＳ

T（医師指示書・99ページ参照）です。しかし「高齢者に早く死ねというのか」「本人が意図しない終末期の意思決定を迫られる」などとマスコミや世論が強く反発し、結果的に3カ月で凍結された、という経緯があります。

しかし、それからまた時間がたち、終末期医療の問題は社会にとっても医療界にとっても、まさに喫緊の課題となっています。そのため各学会でも、終末期医療のガイドラインの整備が進められようとしています。

２０１２年には日本老年医学会が「高齢者ケアの意思決定プロセスに関するガイドライン」を発表。14年には日本透析医学会が「維持血液透析の開始と継続に関する意思決定プロセスについての提言」を、また日本集中治療医学会、日本救急医学会、日本循環器学会の3学会が「救急・集中治療における終末期医療に関するガイドライン」を発表しています。

今後こうした動きが加速していき、医師や医療者からも、「最期まで患者さんの希望に応えられる医療」「穏やかな死を選べる医療」を提供できるようになっていくことが理想でしょう。

最近、医療・介護の世界ではＱＯＬ（クオリティ・オブ・ライフ＝生の質）と合わせて、ＱＯＤ（クオリティ・オブ・デス＝死の質）という言葉も、語られるようになってきています。今や医療者も「いかにその人らしく、満足して死ねるか」を考えなければならない時代が来ています。

イギリスの『エコノミスト』誌では、終末期医療の利用可能性や費用、ケアの質などを点数化し、「死の質　世界ランキング」を発表しています。

２０１０年と15年の２回の調査でともに１位だったのは、近代ホスピス発祥の地で、緩和医療の長い歴史があるイギリスです。

対して日本は、２０１０年が23位、15年の調査でも14位に留まりました。理由としては、がん以外の病気で緩和医療が受けづらいこと、精神的なケアを行う心理学の専門家が不足していることなどが指摘されています。

こうした課題が克服されたときこそ、医療者も、日本が世界的な長寿国であることを心から誇れるようになるのではないかと私は思います。

第4章 高齢者が生きがいを持ち続けるために必要なこと

「生きがい」を考える二つのキーワード

第1章では、二つの種類の「死ねない老人」の存在を指摘しました。生きがいを失ってしまい死にたいと願ってしまう人と、医療や家族の希望などにより、終末期にも苦しみが続く死ねない老人です。

この章では前者の、希望や生きがいを持てない高齢者について、どんな対策があり得るかを少し考えてみたいと思います。

人間にとって、その年齢を生きるのはいつも〝初めての経験〟です。70歳でも、80歳でも、その年になって初めてわかったということがたくさんあるのが人生でしょう。生活をともにしてきた家族ですら、40〜50代の子供世代に、70〜80代の親世代の本当の気持ちや体の状態は、実感として想像できないものです。ですから、私たちのような現役世代が高齢期の生きがいを考えるのは、難しいことであるのは承知しています。

しかし私は仕事柄、高齢でありながら前向きに日々を過ごされている患者さんや、高